Fabian Bäumler

Das Potential der Blockchain-Technologie

Welche Anwendungsmöglichkeiten gibt es in der Industrie 4.0 und im Internet der Dinge?

Bibliografische Information der Deutschen Nationalbibliothek:

Die Deutsche Nationalbibliothek verzeichnet diese Publikation in der Deutschen Nationalbibliografie; detaillierte bibliografische Daten sind im Internet über http://dnb.d-nb.de abrufbar.

Impressum:

Copyright © Studylab 2019

Ein Imprint der Open Publishing GmbH, München

Druck und Bindung: Books on Demand GmbH, Norderstedt, Germany

Coverbild: Open Publishing GmbH | Freepik.com | Flaticon.com | ei8htz

Inhaltsverzeichnis

Vorwort IV

Abbildungsverzeichnis V

Abkürzungsverzeichnis VI

Glossar VIII

Abstract XVI

1 Einführung 1

    1.1 Problemstellung 1

    1.2 Methodik 3

    1.3 Ziel der Arbeit 5

2 Theoretische Grundlagen 6

    2.1 Industrie 4.0 6

    2.2 Simplifizierte Funktionsweise der Blockchain 16

    2.3 Ethereum 22

    2.4 Smart Contracts 23

    2.5 Dezentrale Anwendungen (DApps) 26

    2.6 Klassifizierung von DApps 28

3 Potentiale und Risiken der Blockchain-Technologie 29

    3.1 Potentiale der Blockchain-Technologie 29

    3.2 Risiken der Blockchain-Technologie 32

4 Mögliche Anwendungen der Blockchain innerhalb der Industrie 4.0 und dem Internet der Dinge 38

    4.1 Potentielle Einsatzgebiete 38

    4.2 Hands-on Vechain 46

5 Handlungsempfehlung und Fazit 52

Literaturverzeichnis 54

Vorwort

Ich möchte die Gelegenheit nutzen und mich bei allen bedanken, die mich während meines Studiums und dem Erstellen dieser Bachelorarbeit unterstützt und motiviert haben. Als erstes gebührt mein Dank Herrn Prof. Dr. Helmut Kohlert, der sich bereiterklärte mich bei dieser Arbeit zu betreuen und stets mit konstruktiver Kritik, Rat und Anmerkungen zur Seite stand. Ebenfalls will ich mich bei meinen Kommilitonen und Freunden bedanken. Ohne deren Hilfe hätte sich mein Studium nicht annähernd so positiv gestaltet. Namentlich möchte ich Patrick Howlett erwähnen, der mich Beginn des Studiums ununterbrochen unterstützt hat. Ebenfalls möchte ich Hugo Pessoa Correia, für die sehr lehrreichen und interessanten Gespräche zu diesem Thema und über meine Bachelorarbeit, danken. Zudem noch eine Danksagung an meinen alten Freund Andreas Horn, welcher mich motiviert hat, dieses Studium zu beginnen und mir stets gute Ratschläge gab und gibt. Als letztes gilt mein Dank noch meiner Familie, meiner Schwester und meiner Mutter. Ohne Euren Rückhalt wäre das Studium von Anfang an nicht möglich gewesen. Danke, dafür dass ihr immer an meiner Seite seid und mir in guten sowie in schlechten Zeiten den Rücken stärkt.

Abbildungsverzeichnis

Abbildung 1 Schematische Darstellung Methodik 5

Abbildung 2 Die vier Phasen der Industriellen Revolution 7

Abbildung 3 Das Industrie 4.0 Haus 10

Abbildung 4 Die ersten 10 Kryptowährungen absteigend nach MarketCap 13

Abbildung 5 Chart der Marktentwicklung des Kryptomarkts nach MarketCap von April 2017 bis März 2018 14

Abbildung 6 Klassifizierung der Blockchain 16

Abbildung 7 Einfache Transaktion 17

Abbildung 8 Verkettete Transaktion 18

Abbildung 9 Verkettete Transaktion II 19

Abbildung 10 Verteiltes Kontobuch 20

Abbildung 11 Synchronisation der Kontobücher Schritt 1: Anmeldung der Transaktion 21

Abbildung 12 Synchronisation der Kontobücher Schritt 2: Validierung der Transaktion 22

Abbildung 13 Funktionsablauf eines Smart Contracts 25

Abbildung 14 Zentrale und dezentrale Applikationen im Vergleich 26

Abbildung 15 Vergleich des Vertrauens in innovative Technologien 35

Abbildung 16 Übersicht der Verteilung der Hashrate des Bitcoins (Nijui, P. 2018) 37

Abbildung 17 Einsatzgebiete der Blockchain in der Industrie 4.0 und dem IoT 43

Abbildung 18 Aufbau VeChain Foundation 47

Abbildung 19 Stimmrechte der Stakeholder 47

Abbildung 20 Ablauf des Datenhandels schematisch 50

Abbildung 21 Ablauf des Datenhandels detailliert 50

Abkürzungsverzeichnis

Abb.	Abbildung
Abs.	Absatz
Art.	Artikel
bspw.	Beispielsweise
bzw.	Beziehungsweise
Ca.	Zirka
CEO	Chief Executive Officer
CMC	CoinMarketCap.com
CPS	Cyber-physikalischen-Systeme
CPPS	Cyber-physikalischen Produktions-Systeme
DApp	Dezentralized Application
DLT	Distributed Ledger Technology
EOA	External Owned Account
evtl.	eventuell
f.	folgende
ff.	fortfolgende
ggf.	gegebenenfalls
Hrsg.	Herausgeberin oder Herausgeber
ICO	Initial Coin Offering
IoT	Internet of Things
IPO	Initial Public Offering
o.g.	oben genannt
o.J.	ohne Jahr
o.O.	ohne Ort
o.V.	ohne Verfasserin oder ohne Verfasser
P2P	Peer-to-Peer
PoW	Proof of Work

PoS	Proof of Stake
S.	Seite
SEC	Security Exchange Commission
u.a.	und andere, unter anderem
u.s.	untenstehend
uvm.	und viele mehr
vgl.	Vergleiche
z.B.	zum Beispiel

Glossar

Adresse

Eine auf den ersten Block zufällige Abfolge von Buchstaben und Ziffern wie in etwa Beispielsweise „1A3vP4QfGfeDmtpTl5Slmv63DivfNa". Der Besitz von Bitcoins ist immer mit einer Adresse verbunden. Diese Adressen sind offene Schlüssel (siehe Glossar Public Key), für die man den nötigen privaten Schlüssel (siehe Glossar Private Key) benötigt. Adressen können von der Blockchain generiert werden. Die Adresse ist somit quasi die Kontonummer des Kryptokontos bzw. Wallets (siehe Glossar Wallet) (vgl. Conrad, P. 2013 S56).

Altcoin

Ist die Bezeichnung für alternative Coins und dient als Sammelbegriff für alle Coins außer dem Bitcoin. Viele dieser Altcoins beruhen zwar bis auf einige kleine Änderungen auf dem Bitcoin werden aber dennoch als Altcoin kategorisiert. Mittlerweile gibt es über 1000 Altcoins (laut Coinmarket Cap, Stand 04.05.2018) und es werden täglich mehr (vgl. Conrad, P. 2013).

ASICS

Unter Asics versteht man Application-Specific-Integrated Circuits. Dies sind speziell fürs Mining entwickelte Schaltkreise in Form eines Computer Chips. Seine einzige Aufgabe liegt in der Lösung Rechenaufgaben des SHA-256 (siehe Glossar SHA-256) Algorithmus (vgl. Conrad, P. 2013).

Block

Der Block einer Blockchain enthält eine Referenz des vorherigen Blocks, einen Zeitstempel, dazu eine Nonce, dies ist eine Variabel innerhalb eines Hashwerts (siehe Glossar Hash). Dazu die Datensätze, Ereignisse, Transaktionen, welche ebenfalls durch das Hashing zusammengefasst werden.

Die Aneinanderkettung von den Blöcken geschieht entweder durch PoW (siehe Glossar Proof of Work) oder PoS (siehe Glossar Proof of Stake) (vgl. Brooimans, K./Eisenhofer, A. 2018).

Contract Account

Siehe Kapitel 2.5

Coin

Ein Coin ist eine Form einer digitalen Münze und die Werteinheit einer Kryptowährung (vgl. o.V. o.J.a).

DApp (Dezentrale App)

Siehe Kapitel 2.6

DLT (Distributed Ledger Technology)

Eine auf dem Konsens basierte Datenbank, ein verstreutes Transaktionsbuch. Die Daten innerhalb dieser Datenbank sind alle redundant. Das heißt jeder Nutzer besitzt alle Daten. Unter diesem Begriff versteht man auch die allgemeine Technologie des Bitcoins bzw. der meisten Kryptowährungen (vgl. Brooimans, K./Eisenhofer, A. 2018: Glossar).

EOA (External Operation Account)

Siehe Kapitel 2.5

Exchange

Dies sind in den meisten Fällen Webseiten, bzw. Online-Börsen, auf denen man Kryptowährungen kaufen oder verkaufen kann. Manche Exchanges bieten viele Tools des Tradings, wie ein regulärer Online Broker an, andere haben nur die rudimentären Funktionen wie kaufen und verkaufen. Nach heutigem Stand werden die meisten Transaktionen von Kryptowährungen mit Bitcoin als Basis geführt. Dem zu Folge ist der Bitcoin die Leitwährung. Das heißt ein Coin (siehe Glossar Coin) hat einen entsprechenden Gegenwert in Bitcoin. Für das erwerben dieses Coins muss man sich vorher Bitcoins kaufen. Manche Exchanges bieten die Möglichkeit Bitcoin gegen Fiatgeld (siehe Glossar Fiatgeld) zu erwerben. Die meisten jedoch beschränken sich auf das Handeln von Kryptowährungen untereinander. Es gibt noch verschiedene andere Paare, wie etwa ETH. Das bedeutet, dass eine Kryptowährung einen ETH Wert hat und nur gegen ihn gehandelt werden kann. Nach und nach werden jedoch immer mehr Fiatgeld-Paare angeboten, also das jeder Coin direkt mit Fiatgeld gekauft werden kann und kein Umweg mehr über den Bitcoin gegangen werden muss (vgl. o.V. o.J.a).

Fiatgeld

Aus dem Lateinischem abgeleitet bedeutet fiat „es werde". Das soll zum Ausdruck bringen, dass das Geld durch die Notwendigkeit Geld zu besitzen, einfach entsteht. Es ist ein Objekt ohne eigentlichen Wert, das aber als Tauschmittel dient. Als Gegenstück hierfür gibt es das Warengeld, als Güter wie Reis, Gold usw. (vgl. o.V. o.J.a).

Fork

Dieser Begriff kommt aus der Informatik und beschreibt die Aufteilung eines Projekts in verschiedene Folgeprojekte. Es gibt zwei verschiedene Arten des Forks. Zu dem einem den Soft Fork, bei dem nur vorangegangene Blöcke und Transaktionen ungültig gemacht werden. Zum anderen den Hard Fork. Dabei wird die Blockchain gespalten, nachdem das Protokoll geändert wurde. Dieses Vorgehen ist durchaus schwierig und benötigt einigen Aufwand (vgl. o.V. o.J.a).

Hashwert

Jeder Block in einer Blockchain trägt einen kryptografischen Hashwert, wodurch alle Blöcke verkettet werden. Dieser Hashwert entsteht durch den Blockchain-Algorithmus. Dieser Wert wird durch eine zufällige Zeichenfolge mit fixer Länge umgewandelt. Eine Veränderung der Eingangsdaten führt zu einem Hashwert, der extrem von dem ursprünglichen abweicht. Manipulation lässt sich somit leicht entdecken.

Dieser Wert beschreibt im Prinzip die Rechenkraft des Netzwerkes. Zum Beispiel erreicht die Bitcoin Blockchain den Hashwert von 10TH/s, schafft sie 10 Billionen Berechnungen pro Sekunde. Es zeigt also quasi die Geschwindelt der Blockchain oder einzelner Komponenten wie etwa Miningrigs (siehe Glossar Mining) (vgl. Brooimans, K./Eisenhofer, A. 2018: Glossar).

Hyperledger

Das Hyperledger Projekt ist eine Open Source Blockchain mit mehreren Releases wie etwa Fabric. Es ist eine Kooperation von verschiedenen Namenhaften Unternehmen aus allen möglichen Industrien und Wirtschaftszweigen. Sie wird von der Linux Foundation betrieben und versteht sich als Entwicklungshub für Blockchain Technologien (vgl. Burgwinkel, D. 2016).

ICO (Initial Coin Offering)

Die Bezeichnung lehnt an den Initial Public Offerings bei Wertpapieren an. Dort werden die Aktien das erste Mal für Investoren angeboten. Dasselbe sind ICOs aber im Blockchain Universum. Es ist eine neue Form der Unternehmensfinanzierung. Anders jedoch als bei den Finanzierungen des Börsenganges können die Investoren bei einer ICO mit Kryptowährungen eine bestimmte Menge an Coins von dem neuen Unternehmen erwerben. Mit dem Geld aus den initiierten Token (siehe Glossar Token) bzw. Coin Sale finanzieren die Entwickler dann ihre Unternehmung (vgl. o.V. o.J.a).

Konsensverfahren

Das bedeutet, dass ein Konsens über etwas herrscht. Im Falle der Blockchain, dass er Konsens über die Validität einer Transkation oder Operation innerhalb der Miner (siehe Glossar Mining) oder Nodehalter (siehe Glossar Node) herrscht. Der Konsens ist nötig für das Schreiben weiterer Blocks (vgl. o.V. o.J.a).

Kryptographie

Kryptographie ist ein Fachgebiet aus der Mathematik, mit dem mathematische Beweise erstellten werden können und ein enormes Maß an Sicherheit garantieren. Innerhalb des Online-Handels und bei Banken wird die Kryptographie bereits verwendet. Bei der Blockchain-Technologie wird die Kryptographie für die Gewährleistung der Datensicherheit eingesetzt. Es soll verhindern, dass jemand die Blockchain manipuliert oder dass jemand Zugriff auf ein Wallet (siehe Glossar Wallet) erhält (vgl. o.V. o.J.a).

Ledger

Der Begriff bedeutet so viel wie Kontobuch oder Transaktionsverzeichnis. Der Ledger beinhaltet Informationen über die Finanztranskationen, aber auch darüber hinaus. Im Falle der Blockchain Technologie wird jedoch meistens über Distributed Ledger (siehe Glossar DLT) gesprochen (vgl. o.V. o.J.a).

Mining

Im Blockchain-Kontext werden mit Mining die Aktivität der Berechnung von den Hashwerten und das Lösen des Algorithmus mit seinen Rechenaufgaben bezeichnet. Mining wird es deshalb genannt, da es dem Abbau einer Ressource ähnelt. Es erfordert Anstrengungen und bringt einen neuen Wert hervor. Der Vergleich von Bitcoin mit Gold ist hierbei der Ursprung (vgl. o.V. o.J.a). Als Miningpool versteht man den Zusammenschluss von verschiedenen Minern, wohingegen eine Mining

Rig die kleinste Einheit ist. Ein Rig ist ein einzelner Computer der für das Minen eingesetzt wird. Coins die auf dem Proof of Work (siehe Glossar PoW) Prinzip basieren und geminet werden, werden durch das Mining erzeugt. Es gibt verschieden Formen des Minings, wie etwa Cloud Mining oder Dynamisches Mining (vgl. Burgwinkel, D. 2016).

Node

Die Node ist eine Bezeichnung für einen Netzwerkknotenpunkt. Eine alternative Bezeichnung ist auch Client. Die Möglichkeit seinen Rechner zu einer Node zu machen besteht grundsätzlich für jeden. Damit kann der Rechner ein Teil der Blockchain werden und speichert auch Daten auf diese. Die Node ist in diesem Fall in der gleichen Funktion wie ein Miner (siehe Glossar Miner). Die auf die Blockchain gespielten Daten werden von den Nodes des Blockchain-Netzwerkes empfangen und gesendet. Bei vielen Blockchains gibt es verschiedene Formen der Nodes. Zum Beispiel Full Nodes oder Master Nodes. Diese haben noch extra Funktionen innerhalb des Netzwerkes und bekommen für diese Aufgaben einen Teil der Transaktionsgebühren, welche von den Nutzern entrichtet werden müssen. In der Regel erhält man eine solche Node für das staken (zu Deutsch sammeln, in dem Fall für das Lagern in einem Wallet) von einer bestimmten Anzahl von Coins (vgl. o.V., o.J.b).

P2P (Peer to Peer)

Eine Netzwerkstruktur, bei der zwei Peers (Nutzer) direkt miteinander kommunizieren. Diese Peers sind alle gleichberechtigt und können die Dienste des Netzwerkes in Anspruch nehmen oder anbieten. Auf die Blockchain-Technologie übertragen, kann jeder Nutzer die Transaktionen des anderen empfangen ohne eine dritte Instanz als Zwischenhändler (vgl. o.V. o.J.a).

Private Key (privater Key/Schlüssel)

Der private Key ist ein verschlüsselter Datensatz, mit Hilfe dessen man das Recht erhält auf die Coins in einem Wallet zuzugreifen. Die Verschlüsselung erfolgt bei der Blockchain durch eine kryptographische Signatur. Es ist der Pin für das Bankkonto oder Schließfach innerhalb der Blockchain-Technologie (vgl. o.V. o.J.a).

Proof of Stake

Der PoS, wie der Proof of Stake in seiner Kurzform heißt, ist ein Algorithmus eines Blockchain-Netzwerkes das auf einen dezentralisierten Konsens abzielt. Im Vergleich zu PoW (siehe Glossar Proof of Work) Kryptowährungen wie etwa dem Bitcoin, bei dem Aufgaben gelöst werden müssen, wird bei PoS die Anzahl der Coins (siehe Glossar Coins) gewichtet. Je mehr Coins man hält, desto höher ist die Partizipation beim Validieren der Operationen auf der Blockchain (vgl. o.V. o.J.a).

Proof of Work

Unter dem Kürzel PoW versteht man in der Informatik die Methodik, die einen übermäßigen Gebrauch von Diensten, wie etwa massenhaftes Versenden von Emails oder ähnlichem, zu unterbinden. In der Blockchain-Technologie stellt dieser Mechanismus in Form eines Algorithmus sicher, dass die Transaktionen bestätigt und validiert werden und innerhalb des nächsten Blocks an die Kette hinzugefügt werden. Die Miner (siehe Glossar Miner) konkurrieren miteinander, um die Transaktionen auf der Blockchain durchzuführen und die Belohnung (in Form von Transaktionsgebühren zu erhalten) (vgl. o.V. o.J.a).

Public Key (öffentlicher Key/Schlüssel)

Der Public Key dient bei den Kryptowährungen bzw. den dazugehörigen Wallets (siehe Glossar Wallet) dazu, dem Initiator von Transaktionen zu zeigen, wohin diese ausgeführt werden soll. Im Vergleich zum Bankwesen stellt der Public Key quasi die Bankverbindung dar (vgl. o.V. o.J.a).

Satoshis

Diese Bezeichnet die kleinsten Untereinheiten bei der Bepreisung der Kryptowährungen. Der Name ist an den Vornamen des Bitcoin Vaters Satoshi Nakamato angelehnt. Zum Beispiel sind 0,00000001 BTC in dem Fall 1 Satoshi und 0,00000100 BTC wären dann Einhundert Satoshis (vgl. o.V. o.J.a).

SHA 256 Algorithmus

Der Secure Hash Algorythm 256 ist der dem PoW (siehe Glossar Proof of Work) Algorithmus des Bitcoins. Er wird ebenfalls beim Erstellen von neuen Wallets (siehe Glossar Wallet) und den dazugehörigen Adressen (siehe Glossar Adressen) benutzt. Er ist ein standardisierter Algorithmus zum Verschlüsseln vom Daten, welcher von der NSA (National Security Agency) in den USA ins Leben gerufen wurde (Giese, P. 2018).

Smart Contracts

Siehe Kapitel 2.5

Token

Die Bezeichnung Token wird oft vermischt oder verwechselt mit dem Begriff des Coins oder der Kryptowährung an sich. Doch es gibt zwischen diesen fundamentale Unterschiede. Von einer Kryptowährung bzw. einem Coin wird gesprochen, wenn diese eine für sich alleinstehende Lösung ist, wenn es sich also um eine eigene Blockchain, beziehungsweise einer Blockchain-ähnlichen Datenstruktur handelt. Das diesen Kryptowährungen zugrundeliegende Protokoll mag zwar auf einer anderen Kryptowährung basieren, jedoch übt die zuvor existierende Kryptowährung nur eine Vorbildfunktion aus. Etwas konkreter ausgedrückt: Litecoin oder auch Bitcoin Cash können unabhängig von Bitcoin, auf dessen Code beide Protokolle basieren, existieren und benötigen Bitcoin nicht. Um einzelne Kryptowährungen bildet sich ein Ökosystem aus Nodes, Minern (sofern der Konsens auf der Basis von Proof-of-Work gefunden wird), Entwicklern und regulären Usern.

Token, im Gegensatz zu Kryptowährungen, können nicht ohne eine zugrundeliegende Kryptowährung existieren. Sie existieren beispielsweise auf der Ethereum-Blockchain und können aber unabhängig von dieser nicht existieren. Der große Vorteil von Token ist, dass es für diese keine neue Infrastruktur mit eigenen Nodes und Minern braucht. Außerdem sind sie deutlich einfacher zu generieren als Kryptowährungen (Giese, P. 2018).

Wallet

Ein Wallet ist eine Art online Bankkonto oder eine digitale Geldbörse. Man kann sich das wie einen Ordner vorstellen, in dem eine Reihe von privaten Schlüsseln liegen, die direkt mit der korrespondierenden Blockchain kommunizieren. Mit dieser digitalen Geldbörse und den darin enthaltenen privaten Schlüsseln hat man das Recht, am korrespondierenden Blockchain-Netzwerk teilzunehmen, also Transaktionen auszuführen und den aktuellen Stand sowie die bisherigen Transaktionen einzusehen.

Die Besonderheit an einem Wallet ist die schnelle „Instant-Zahlung". Auch den normalen Zahlungsverkehr kann man zumeist darüber abwickeln. Die bekanntesten Wallet Anbieter für Euro- und Dollar-Transaktionensind PayPal, Skrill und Neteller. Daneben gibt es noch andere Anbieter wie etwa AdvCash, PerfectMoney, Payza, Payeer und viele mehr. Für Coins bzw. ein Blockchain-Netzwerk gibt es entweder direkt von der Community entwickelte Wallets, oder auch von privaten Organisationen angebotene Wallets. Sehr beliebt sind auch Wallet-Anbieter, die mehrere Wallets auf einmal zusammenfassen wie z.B. Exodus (o.V. o.J.a).

Abstract

Die vorliegende Arbeit behandelt die bestehenden Möglichkeiten und das vorhandene Potential der Blockchain-Technologie im Umfeld der Industrie 4.0 und dem Internet der Dinge. Die Arbeit ist in 3 große Themenblöcke bzw. Kapitel untergliedert. Im ersten theoretischen Grundlagenkapitel werden die nötigen Hintergründe und die technischen Details der Technologie erläutert. Dazu werden relevante Begriffe definiert und behandelt. Das nächste Kapitel behandelt die möglichen Potentiale und die sich daraus ergeben Möglichkeiten der Technologie. Das letzte Kapitel behandelt die aktuelle Ist-Situation und in wie weit diese in der Praxis aussehen kann. Dies geschieht anhand eines Use-Cases.

The present thesis provides an overview about the existing possibilities and the potential of the blockchain technology in the environment of the Industry 4.0 and the Internet of Things. The thesis is divided in three main chapters. The first provides the theoretical basics and the technological details of the blockchain. Therefore, the main terms are defined and explained. The next chapter talks about the potentials and the caused possibilities of the technology. The last chapter is about the actual situation and how it can look in the real world. Therefore, a use-case is discussed.

1 Einführung

1.1 Problemstellung

Wir befinden uns noch am Anfang der Entwicklung der Industrie 4.0 oder dem Internet der Dinge. Die Verschmelzung der physischen und digitalen Welt verändert unsere komplette Lebensweise aber auch unser Arbeitsumfeld und kann als wesentlicher Treiber der ökonomischen und gesellschaftlichen Entwicklung des einundzwanzigsten Jahrhunderts gesehen werden.

Tagtäglich gehen immer mehr Maschinen, Häuser, Autos und Alltagsgegenstände online. Laut Morgan Stanley und dem Statistischen Bundesamt werden für das Jahr 2020 ca. 70 Milliarden internetfähige Geräte erwartet, über drei Milliarden Smartphones und dazu mehr als sieben Milliarden Internetnutzer (vgl. Gentner, A./ Gramatke, M. 2016: Folie 5)

Diese Zahlen verdeutlichen das vorhandene Potential des Internet der Dinge oder der Industrie 4.0. Es kann den kompletten Alltag, wie wir ihn bisher kennen fundamental verändern. Daher wird in diesem Zusammenhang auch von der 4. industriellen Revolution, oder von der digitalen Revolution geredet. Nicht nur im Alltag, sondern gerade auch in der Industrie gibt es ein enormes Potential und viele Umwälzungen durch die Digitalisierung. Angefangen von RFID-Chips innerhalb der Produktion oder der Supply Chain-Kette zur Verfolgung der Wertschöpfung, bis hin zum Sicherstellen der Qualität der produzierten Waren. Die Digitalisierung schreitet in allen Bereichen voran. Das industrielle Internet der Dinge verknüpft lernfähige Maschinen, Big Data Technologien, Sensortechnik, Machine to Machine (M2M), Kommunikation- und Automatisierungstechnik, welche schon seit Jahren in dem industriellen Umfeld koexistieren.

Die treibende Kraft hinter diesen beiden Themen der Industrie 4.0 und dem Internet der Dinge, sind smarte Maschinen. Diese sind effizienter als Menschen z.B. beim akkuraten Gewinnen, aufzeichnen und kommunizieren von riesigen Datenmengen (vgl. Brekle, K. 2016). Mithilfe dieser großen Datenmengen lassen sich enorme Vorteile erzielen, bzw. bieten den Unternehmen die Möglichkeiten, viel schneller auf inneffiziente Prozesse zu reagieren. Diese sind die Grundvorrausetzungen und bereiten den Boden für neue Lösungen und Ansätze.

"The one thing that's missing, but that will soon be developed, is a reliable e-cash, a method whereby on the Internet you can transfer funds from A to B, without A knowing B or B knowing A. That kind of thing will develop on the Internet and that will make it even easier for people to use the internet." (Friedman, M 1999)."

Anknüpfend an diese Aussage von Milton Friedman, getätigt bereits in dem Jahre 1999, entstand ein neuer und ebenfalls revolutionärer Ansatz - die Blockchain Technologie. Das Konzept der Blockchain wie wir sie kennen, wurde 2008 von Satoshi Nakamoto begründet und in seiner Arbeit „Bitcoin: A Peer-to-Peer Electronic Cash System" (vgl. Nakamoto, S. 2008) veröffentlicht. Diese Peer-to-Peer Technik erlaubt es, eine elektronische Transaktion direkt von einem Transaktionsteilnehmer zum anderen zu senden und dies ohne einen Mittelsmann, wie etwa einer Bank. Das Problem der Vertrauenswürdigkeit wird mithilfe von digitalen Signaturen innerhalb verschiedener, dezentraler Blöcke gelöst. Der ursprüngliche Zweck der finanziellen Transaktionen wurde im Laufe der Jahre um verschiedene Anwendungsgebiete ergänzt. Dies geschah durch das Einführen der sogenannten Smart Contracts (vgl. Crosby, M./ Nachiappan, P./ Sanjeev, V./ Kalyanaraman, V. 2015). Das System bzw. das Netzwerk der Peer-to-Peer Transaktionen erlaubt es der Blockchain-Technologie Vertrauen zwischen verschiedenen Transaktionsteilnehmern herzustellen. Auf Blockchain basierende Internet of Thing Devices können somit als vertrauenswürdige Handelspartner auftreten und interagieren. Das Ganze passiert aufgrund der Entfernung des Mittelsmanns kostengünstig. Ein weiterer Vorteil der damit einhergeht, ist die erhöhte Geschwindigkeit des Austausches zu nennen.

Die Blockchain stellt aber nicht nur Vertrauen zwischen Transaktionsteilnehmern oder günstige bzw. schneller Transaktionen sicher, sondern gibt ebenfalls Anonymität, stellt dezentralen Speicher zur Verfügung und erlaubt Zugriff auf nicht manipulierbare Daten der Blockchain (vgl. Nakamoto, S. 2008).

Diese Eigenschaften ermöglichen es der Blockchain auf nahezu alle Industrien angewandt zu werden. Noch ist nicht abzusehen welche Auswirkung die Blockchain-Technologie in Zukunft haben wird, aber das Potential ist enorm. Die Blockchain-Technologie-Treiber sind unter anderem so genannte Kryptowährungen. Diese befinden sich in den meisten Fällen noch in der Frühphase ihrer Entwicklung. Bei einigen fortgeschrittenen Projekten sind jedoch bereits große und namenhafte Unternehmen als Kooperationspartner und potentielle Kunden involviert. Die Liste reicht von PWC über Bosch bis hin zu IBM. Aber auch die Automobilhersteller wie Volkswagen und BMW sind dabei (Ackermann, T 2018). Dies zeigt auf, welchen

Stellenwert diese noch sehr junge Technologie bereits besitzt. Aufgrund der Aktualität und dessen Neuheit, ist der Forschungsstand zu diesem Thema noch sehr jung und im Vergleich zu vielen anderen Forschungsgebieten relativ überschaubar. Durch die Dynamik der Blockchain-Technologie ist so manche Fachliteratur bereits nach kurzer Zeit nicht mehr aktuell. Viele namenhafte Unternehmen betreten mit der Blockchain Neuland und beginnen langsam erst das vorhandene Potential zu erkennen. In diesem spannenden Umfeld versucht diese Bachelorarbeit das Potential und die damit einhergehenden Möglichkeiten der Blockchain auszuloten, aber auch die Risiken und die Grenzen verdeutlichen.

1.2 Methodik

Im Folgenden werde ich die der Arbeit zugrunde liegende Forschungsmethodik vorstellen. Diese basiert im Prinzip aus zwei verschiedenen Ansätzen. Als erstes wurde mit der systematischen Methode gearbeitet und als Ergänzung wurde die unsystematische Methode eingesetzt. Der Ansatz mit zwei unterschiedlichen Methoden zu Arbeiten wurde gewählt um sich nicht zu einseitig mit der Thematik zu beschäftigen. Als Grundlage für diese Methodik dient der Leitfaden von Brink Alfred, Anfertigung wissenschaftlicher Arbeiten (vgl. Brink, A. 2013). Die Quellen werden nach bestimmten Schlüsselwörtern durchsucht um geeignete Literatur ausfindig zu machen. Die Kernpunkte von einer systematischen Literaturrecherche sind das Ausarbeiten von wissenschaftlichen Fragestellungen, Definieren von Schlüsselwörtern, Wahl von geeigneten und relevanten Quellen und abschließend eine Ein- bzw. Ausgrenzung der Literatur anhand von sinnvollen Kriterien.

Die in dieser Arbeit aufgestellten Fragen sind:

- Was steckt hinter dem Begriff der Blockchain?

- Welche Technologie liegt der Blockchain zu Grunde?

- Welche Möglichkeiten und Potentiale bietet der Einsatz der Blockchain in Industrie 4.0 und dem Internet der Dinge?

- Welche Vorteile und Nachteile bietet der Einsatz der Blockchain in Industrie 4.0 und dem Internet der Dinge?

- Wie sehen konkrete Fallbeispiele anhand von bereits existierenden Lösungen aus?

Anschließend an die Formulierung der Forschungsfragen werden entsprechende Quellen ausgesucht und benutzt. Für diese Arbeit wurden folgende Kataloge, Datenbanken und Suchmaschinen in Anspruch genommen:

- Google

- Google Scholar

- SpringerLink

- EBSCO Host-Datenbank

- Bibliothek Chulalongkorn University

Durch die oben aufgeführten Quellen war es möglich breit gefächerte Literatur abzudecken.

Als nächstens mussten die Schlüsselbegriffe für die Suche definiert werden. Anhand dieser wurden die Quellen durchforstet. Hierfür nutzte ich folgende Begriffe: „Internet der Dinge", Internet of Things", „Industrie 4.0", „Industrial Internet of Things", „Blockchain", „Blockchain-Technologie", „Blockchain technology", „Blockchain + Industrie 4.0", „Blockchain + Internet der Dinge". Diese Liste wird je nach Bedarf oder neuen Erkenntnisstand geändert oder ergänzt.

Zum Abschluss wurden noch Ausschlusskriterien definiert, nachdem die Literatur selektiert wurde.

- Erscheinungsdatum vor dem Jahr 2008

- Nicht Deutsch- oder Englischsprachig

- Nur als Printausgabe verfügbar

- Nicht kostenlos

Neben der systematischen Literaturrecherche wurde auch die unsystematische Literaturrecherche durchgeführt. Das bedeutet nach Abschluss der systematischen Literaturrecherche lagen mehrere Exemplare relevanter Literatur vor. Diese wurden dann analysiert und es wurden die in diesen Arbeiten verwendeten Quellen und Fußnoten durchsucht und gesichtet. Diese Methodik führt relativ schnell zu einer großen Anzahl an Quellen. Die dort gefunden Quellen wurden daraufhin wiederrum auf Fußnoten und Literaturverzeichnis überprüft.

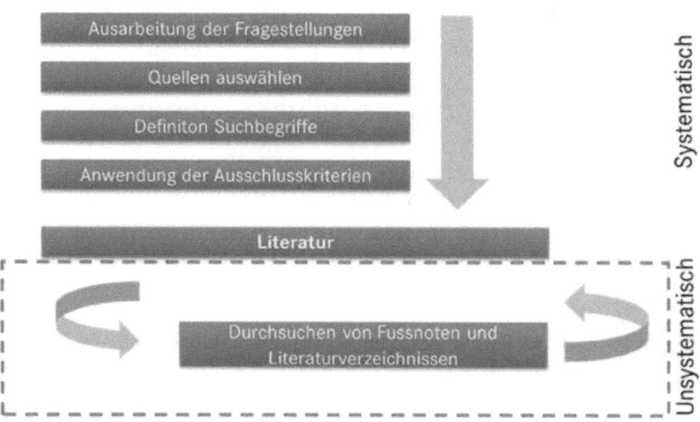

Abbildung 1 Schematische Darstellung Methodik
(in Anlehnung an Brink, A 2013)

1.3 Ziel der Arbeit

Ziel dieser Arbeit ist es die potentiellen Einsatzgebiete der Blockchain-Technologie innerhalb der Industrie 4.0 und dem Internet der Dinge zu erkennen und aufzuzeigen. Das mit der Technologie einhergehende Potential und Risiko soll ebenfalls betrachtet werden.

Um dies zu erreichen wird im Grundlagenteil auf die verschiedenen Hintergründe eingegangen. Dies ist nötig, um dem Leser ein Grundverständnis, für die auf den ersten Blick durchaus kompliziert wirkende Technologie zu schaffen. Die Technik wird simplifiziert betrachtet, da auch ein Leser ohne IT Hintergrund das Konzept verstehen soll. Zudem wird in die Krypto-Ökonomie eingeführt um das Bild abzurunden. Im zweiten Teil wird dann auf das Potential und die Vorteile der Blockchain an sich eingegangen. Auf der anderen Seite werden aber auch die Risiken die mit der Technologie einhergehen betrachtet. Der dritte Teil zeigt die möglichen Einsatzgebiete für die Blockchain. Zum Ersten allgemein ohne Einschränkung. Darauf werden Use Cases für die Industrie 4.0 und dem Internet der Dinge vorgestellt. Im vierten Abschnitt, einem Hands on, wird eine konkrete Kryptowährung bzw. Blockchain besprochen und der aktuelle reale Einsatz untersucht. Der fünfte Teil beinhaltet die Diskussion und der Ausblick der Blockchain und deren Einsatz im Internet der Dinge bzw. der Industrie 4.0. Im Ganzen soll diese Arbeit dem Leser vergegenwärtigen was die Blockchain an sich ist, wo ihre Stärken aber auch ihre Schwächen liegen. Zudem soll er einen Einblick in die Praxis erhalten und sehen wofür die Blockchain heute schon eingesetzt wird.

2 Theoretische Grundlagen

Es wird in wenigen Jahrzehnten kaum mehr Industrieprodukte geben, in welche die Computer nicht hineingewoben sind

– Karl Steinbruch, Informatikpionier 1966

Innerhalb dieses Kapitels sollen die einzelnen relevanten Begrifflichkeiten für die Bachelorarbeit erklärt und prägnant beschrieben werden. Zu Beginn findet eine Beschreibung der Grundlagen bzw. eine Definition der Industrie 4.0 und dem Internet der Dinge statt. Danach wird noch eine Abgrenzung der beiden Begriffe vorgenommen. Danach wird die Brücke zur Blockhain-Technologie geschlagen. Für das Verständnis dieser werden im Folgenden die zwei relevantesten Kryptowährungen behandelt. Zudem wird das technische Prinzip grob umrissen, um ein Verständnis dafür zu schaffen.

2.1 Industrie 4.0

Das Schlagwort Industrie 4.0 ist in aller Munde. Laut Analysen verschiedenster Seiten wird die Anzahl der mit dem Internet verbundenen Geräte rasant weiterwachsen. Gründe hierfür sind die drastisch fallenden Preise für Sensoren, neue Möglichkeiten, die sich durch das IPv6 Protokoll ergeben und die Fähigkeit, durch Big Data enorme Datenmengen in Echtzeit zu analysieren.

Die Begrifflichkeit der Industrie 4.0 spielt auf die vierte industrielle Revolution an und wurde ursprünglich auf dem nationalen IT-Gipfel der deutschen Bundesregierung am Hasso-Plattner-Institut (HPI) in Potsdam verwendet. Maßgeblich wurde der Begriff von Prof. Dr. Henning Kagermann, dem Präsidenten der Deutschen Akademie der Technikwissenschaften, geprägt. Ziel der Bundesregierung war es, die Qualität und Wettbewerbsfähigkeit der Informations- und Technologiestandortes Deutschland im internationalen Wettbewerb weiter zu verbessern. Als Ergebnis des Arbeitskreises wurde eine „Umsetzungsempfehlungen für das Zukunftsprojekt Industrie 4.0" von Herrn Kagermann an die deutsche Bundesregierung übergeben (vgl. Kagerman, H. 2013) Diese beschreibt die Auswirkungen des Internet der Dinge auf die Produktion und somit auf die Fabriken.

Die erste industrielle Revolution begann im 19. Jahrhundert mit der Erfindung der Dampfmaschine und läutete den Beginn des Maschinenzeitalters ein. Gefolgt wurde diese von der durch Fließbänder und elektrischer Energie ermöglichte Massenfertigung und mündete in der digitalen Revolution Ende des 20. Jahrhunderts, welche sich durch die Digitalisierung und die computergesteuerte Automatisierung der Industrie auszeichnet (siehe Abb. 2). Diese neue industrielle Ära wird durch die sogenannten „Cyber-Physikalischen Systeme" (CPS) geprägt. Diese verbinden die virtuelle Welt mit der realen und vernetzten diese weltweit. Dadurch können in der Produktion zum Beispiel Maschinen, Lagersystem und Betriebsmittel autonom Informationen untereinander austauschen, Aktionen auslösen und oder sich gegenseitig selbständig steuern. Dies führt zu einer gesteigerten Effizienz und Qualität sowie einer Optimierung der vorhandenen Geschäftsprozesse (vgl. Huber, D./ Kaiser, T. 2013: Seite 18).

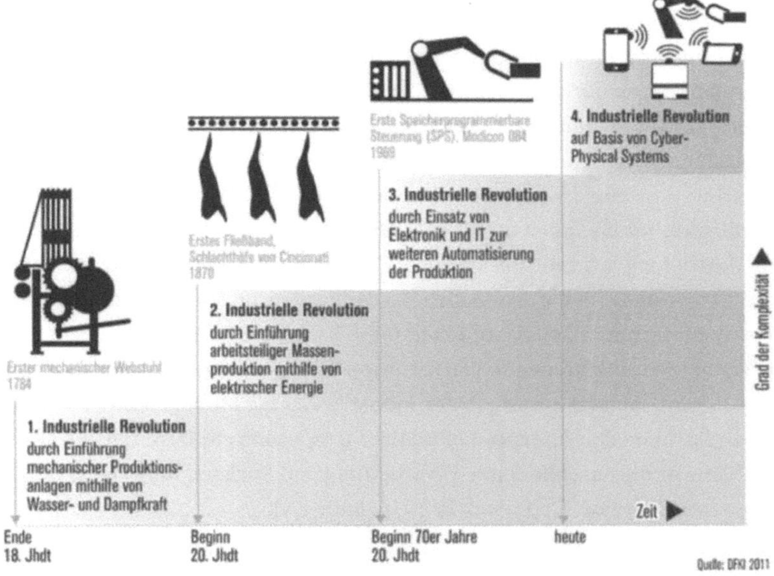

Abbildung 2 Die vier Phasen der Industriellen Revolution
(Huber, D./ Kaiser, T. 2013: Seite 19)

2.1.1 Definition Industrie 4.0

Aufgrund der Neuheit des Begriffs der Industrie 4.0 und der Tatsache, dass es sich um ein junges und neues Forschungsgebiet handelt, gibt es keine einheitliche Definition. Eine Möglichkeit um die Ideen und Ansätze der Industrie 4.0 zu verdeutlichen, ist das sogenannte Industrie 4.0 Haus. In diesem wird ein Überblick über die einzelnen relevanten Komponenten und Technologien in ihrem Zusammenwirken und Zusammenhang geschaffen (vgl. Siepmann, D. 2016: Seite 22).

2.1.2 Stufe 1 Cyber-physische Systeme (CPS)

Die Bezeichnung Cyber-physische System meint eine Kombination von Software- und Hardwaresystemen, die zu einem komplexen und intelligenten Verbund verschmelzen. In diesem besitzt jedes einzelne physische Objekt eine eigene Identität. Abbildung 3 verdeutlicht die Zusammensetzung des CPS und zeigt die drei technologischen Bausteine. Ubiquitous Computing (allgegenwärtiges Rechnen), Internet der Dinge und Dienste sowie Cloud-Computing. Das Ubiquitous Computing stattet alle Objekte innerhalb eines Systems mit der Fähigkeit aus, Daten und Informationen zu verarbeiten und zu versenden. Das Ganze wird durch entsprechende Mikroelektronik, Sensorik, Kommunikationsmodulen und Ausstattung mit Rechenleistung ermöglicht. Objekte, ausgestattet mit dieser Informationstechnologie kommen zum Beispiel in Form von intelligenten Produkten, Produktionsmittel oder kompletter Produktionsmaschinen zum Einsatz. Durch Kombination mit dem Internet der Dinge und den Diensten werden diese Objekte mit der erforderlichen Fähigkeit der Kommunikation ausgestattet. Das IoT agiert hier also als Schnittstelle zwischen den intelligenten physischen Objekten und dem Internet. Für die Kommunikation miteinander muss jedes Objekt eine eigene Identität besitzen. Durch die Umstellung aus Internet Protocol Version 6 (IPv6) ist das nun machbar. Zuvor war es mit dem IPv4 nur möglich 4.3 Milliarden IP Adressen zu generieren. Mit IPv6 generiert man 340 Sextillionen (eine Zahl mit 39 Stellen) und somit mehr als genug für das aufkommende Wachstum an Internetfähigen Geräten (o.V. 2012: Reiter 4). Somit können innerhalb der Industrie 4.0 die intelligenten Produktionsmittel direkt über das Internet kontaktiert und benötigte Daten abgefragt werden. Ebenfalls ist die anschließende Verarbeitung und Rücksendung an die Geräte problemlos möglich (vgl. Siepmann, D. 2016: Seite 23).

Durch diese Technologisierung der Produktion wird eine enorme Erweiterung der Infrastruktur notwendig. Dies erfolgt mithilfe des Cloud-Computing. Die Wartung, Steuerung und Kontrolle der CPS wird durch Echtzeitauswertung unterstützt. Diese ist Vorrausetzung für Dienste wie Big Data und Analytics. Das ermöglicht eventuell benötigte Rechenleistung um die Cloud auszulagern und zu nutzen.

2.1.3 Stufe 2 Cyber-physische Produktionssysteme (CPPS)

In der zweiten Stufe des Industrie 4.0 Hauses wird der Einsatz von CPS im Verbund mit CPPS beschrieben. Die CPPS steuern die Produktion dezentral und kontextadaptiv über die Grenzen der Unternehmen hinweg. Für die in vollen Umfang funktionsfähige Vernetzung und Kommunikation zwischen den jeweiligen Anlagen,

Komponenten eines CPPS, sowie dem Menschen, wird der Einsatz geeigneter Schnittstellen zwingend notwendig (vgl. Siepmann, D. 2016: Seite 24).

Es ist zum einen der Einsatz einer geeigneten Struktur für die M2M-Kommunkation erforderlich. Dies gilt als unabdingbar für die Realisierung der eigentlichen dezentralen und automatisierten Fertigungsteuerung. Zum anderen sind, zwecks Überwachung und Steuerung, geeignete Technologien der Mensch-Maschine-Interaktion notwendig. Virtual Reality (VR) oder Augmented Reality (AR) bieten sich hier als passende Schnittstellen zwischen Maschine und Mensch an. Das ermöglicht dem Menschen, als letzte Instanz in die Planung und Steuerung der Produktion mit einbezogen zu werden.

2.1.4 Stufe 3 Industrie 4.0

Für die Umsetzung der CPPS innerhalb eines Unternehmens wird neben den technologischen Grundkomponenten auch eine auf Managementebene visionäre Denkweise benötigt. Die Industrie 4.0 ist nicht nur die Entwicklung der Produktion unter technologischen Gesichtspunkten, sondern auch eine Zukunftsvision für das ganze Unternehmen. Für dessen Verwirklichung die Strategie auch neujustiert werden muss, inklusive Entwicklung neuer Geschäftsmodelle und –Prozesse (vgl. Siepmann, D. 2016: Seite 24).

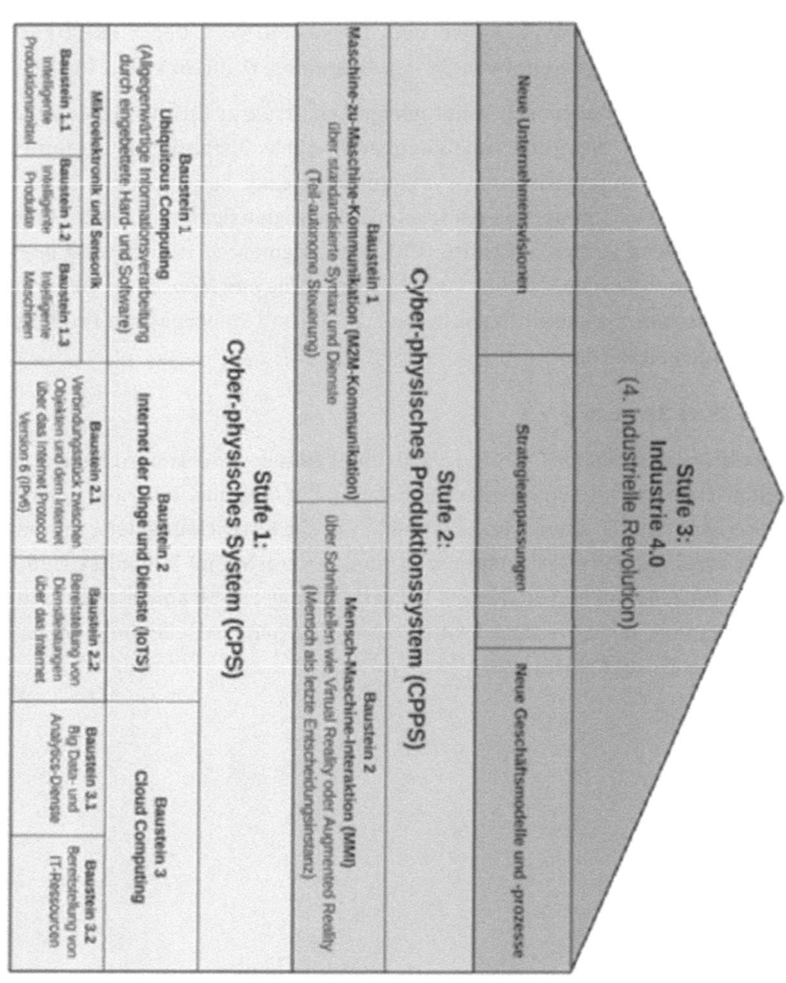

Abbildung 3 Das Industrie 4.0 Haus
(Siepmann, D. 2016: Seite 22)

2.1.5 Internet der Dinge

Das Internet der Dinge und der darum entstandene Hype, beruht auch auf der Tatsache, dass es für diese Thematik eine Menge verschiedener Erklärungsansätze gibt. Dennoch sind sich die meisten Definitionen und Ansätze in einem einig, denn das Internet der Dinge sorgt für die Integration der physischen Welt in die virtuelle Welt des Internets. Zudem sind sich auch die meisten Autoren darüber einig, dass das Internet der Dinge die nötigte Infrastruktur zur Verfügung stellt, um den Austausch von Daten zwischen verschiedenen Geräten und Dingen zu ermöglichen.

Wichtiger als die allgemeine Definition ist es, ein Verständnis zu bekommen, was diese Dinge sind, die den Namen prägen und wie ihre unmittelbare Beziehung untereinander aussieht.

Die Notwendigkeit physikalische Gegenstände oder Dinge zu tracken, wuchs in den letzten Jahren kontinuierlich. Diese Objekte können alles Mögliche sein, wie etwa Container, Kleider, Autos, Nahrungsmittel oder auch elektronische Geräte. Auch Gebäude oder Räume können als Dinge betrachtet werden, ebenso wie Flüsse oder das Meer (vgl. Tsiatsis, V./ Gluhak, A./ Bauge, T./ Montagut, F./ Bernat, J./ Bauer, M./ Villalonga, C./ Barnaghi, P./ Krco, S 2010: S 247). Zur Überwachung dieser Dinge sind Geräte notwendig. Diese werden über das Internet der Dinge miteinander verknüpft. Ein Ding muss letzten Endes aber lesbar und erkennbar sein. Zudem muss es zu orten sein, sowie ansprechbar. Als letztes muss es die Daten auch verarbeiten und dynamisch auf Veränderungen reagieren können. Das Ganze muss autonom und ohne Eingriff des Menschen stattfinden. Sofern diese Kriterien erfüllt sind, spricht man von einem Ding im Sinne des Internets der Dinge (vgl. Weber, R. 2010: S 22-30).

2.1.6 Einführung Krypto-Ökonomie

Der 31 Oktober im Jahre 2008. Das war der Tag an dem das Projekt der Blockchain-Technologie das erste Mal der Öffentlichkeit präsentiert wurde. Einen Tag später veröffentlichte ein gewisser Satoshi Nakamoto einen Blog Eintrag mit dem Titel „Bitcoin P2P e-Cash Paper" (Nakamoto, S 2008). Der Bitcoin war geboren und mit ihm die erste Kryptowährung. Nakamoto, dessen Identität bis heute ungeklärt ist, veröffentlichte das Whitepaper (Beschreibung einer Leistung von IT-Themen) „Bitcoin: A Peer-to-Peer Electronic Cash System" in dem er die Funktionsweise und die technischen Hintergründe näher erläutert.

Um das Thema besser zu verstehen, ist es wichtig, dass man das Thema der Blockchain nicht nur auf den Bitcoin reduziert, auch wenn dieser den Weg für die Blockchain-technologie bereitet hat. Die zugrundeliegende Technik geht um ein Weites darüber hinaus und kann mehr als nur etwa die Durchführung einfacher Transaktionen von Kryptowährungen.

Vereinfacht gesagt, lag die ursprüngliche Hauptfunktion im Tauschen und Speichern von einem Wert auf Basis digital verschlüsselter Informationen. Die Sicherheit des Netzwerkes wird durch die sogenannten Miner gewährleistet. Diese stellen sicher, dass jede Transaktion mehrfach verifiziert wird. Jede dieser Transaktionen wird, sobald sie einmal durchgeführt wurde, auf der Blockchain abgelegt. Dadurch entsteht dann eine Art riesiges Kontobuch. Dieser Prozess gewährleistet Vertrauen und Sicherheit auch ohne einen Mittelsmann, wie etwa einer Bank, was eines der wesentlichen Vorteile der Blockchain-Technologie darstellt.

Seit dem Start des Bitcoins hat sich eine Menge getan, dazu sind neben diesem auch unzählige andere Kryptowährungen entstanden. Laut CoinMarketCap, der Referenz für das Tracking des Krypto-Marktes, gibt es 1551 verschiede Kryptowährungen. Bei dieser Zahl ist zu beachten, dass viele dieser Währungen mittlerweile bereits „tot" sind, d.h. gar nicht mehr gehandelt werden oder dass die Blockchain nicht mehr in Betrieb ist. Auch gibt es eine Menge Währungen, die nicht für den freien Handel gedacht sind und daher auch nicht auf CMC auftauchen. Dennoch gibt CMC einen guten Überblick über den Markt. Das aktuelle Marktvolumen (MarketCap) beträgt 383.874.582.966 Dollar (Stand 10.03.2018). Das bedeutet nicht etwa, dass diese Zahl an herkömmlichen Geld (Fiatgeld) in den Markt geflossen ist. Diese Zahl berechnet sich durch die Multiplikation des gesamten sich im Umlauf befindenden „Supplies" (Anzahl der Coins der einzelnen Kryptowährungen) und den aktuellen Preisen der Währungen. Das 24h Volumen in Abbildung 4 beschreibt die gehandelte Menge der letzten 24 Stunden.

#	Name		Market Cap	Price	Volume (24h)	Circulating Supply
1		Bitcoin	$157.180.649.339	$9.294,67	$6.876.520.000	16.910.837 BTC
2		Ethereum	$71.195.537.117	$725,76	$1.859.630.000	98.097.502 ETH
3		Ripple	$32.211.850.510	$0,824002	$737.874.000	39.091.956.706 XRP *
4		Bitcoin Cash	$17.673.824.880	$1.039,05	$421.215.000	17.009.600 BCH
5		Litecoin	$10.345.718.124	$186,20	$857.036.000	55.562.993 LTC
6		NEO	$5.956.795.000	$91,64	$176.673.000	65.000.000 NEO *
7		Stellar	$5.706.281.004	$0,308474	$32.436.700	18.498.418.032 XLM *
8		Cardano	$5.660.527.675	$0,218325	$178.614.000	25.927.070.538 ADA *
9		Monero	$4.479.558.099	$283,37	$112.583.000	15.808.438 XMR
10		EOS	$4.353.021.409	$6,06	$329.139.000	718.588.353 EOS *

Abbildung 4 Die ersten 10 Kryptowährungen absteigend nach MarketCap (CMC stand 10.03.2018)

J.P. Morgen geht in einer Studie zu diesem Thema davon aus, dass bei dem Market Cap von 330 Billionen Dollar nur etwa 6 Billionen Dollar an Fiatgeld in den Markt geflossen ist (Durdan, T. 2017). Dies entspricht nur einem Anteil von ca. 1,8% an Fiatgeld, welches sich tatsächlich im Markt befindet. Das zeigt den zum Teil höchst spekulativen Charakter dieses noch relativ jungen Marktes. Es verdeutlich aber auch, dass noch nicht viel institutionelles Geld in den Markt geflossen ist. Dieser stieg zwischenzeitlich im Januar (innerhalb von zwei Wochen) auf über 800 Billionen Dollar. Daraufhin brach der Markt medienwirksam auf zwischenzeitlich 322 Billionen Dollar ein. Mitte März (10.03.2018) hat er sich auf ca. 380 Billionen konsolidiert. Dennoch zeigt der immense Anstieg von ungefähr 12 Billionen Dollar, die wachsende Relevanz der Blockchain-Technologie im allgemeinen und der Kryptowährungen im speziellen.

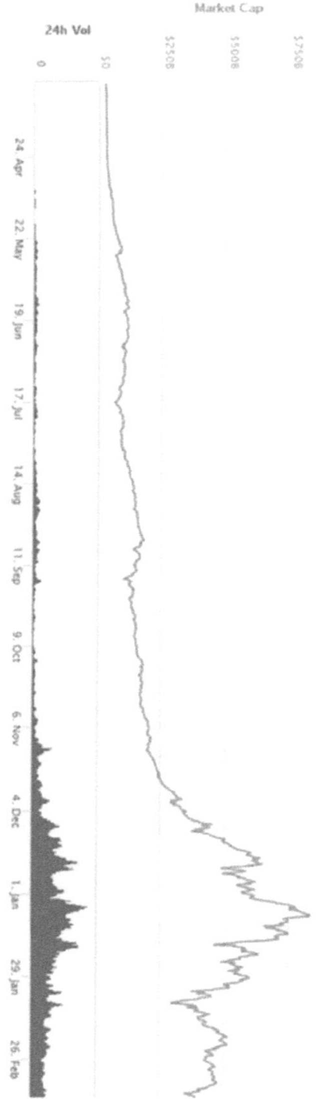

Abbildung 5 Chart der Marktentwicklung des Kryptomarkts nach MarketCap von April 2017 bis März 2018
(CMC stand 10.03.2018)

Die längste Zeit nach seiner Entwicklung fristeten der Bitcoin und die meisten anderen Kryptowährungen zunächst ein Schattendasein und waren der Allgemeinheit nicht bekannt. Zudem erschütterten mehrere Skandale die noch junge Krypto-Ökonomie. Hier zu nennen sei der Diebstahl von 25000 Bitcoins von der Plattform Mt. Gox im Jahre 2014, der damals größten Handelsplattform für Bitcoins. Dieser Skandal hatte Jahre der Stagnation des Marktes zur Folge (Bruehl, J /Huber, M 2014). Ein anderes Beispiel ist die Verwendung von Bitcoins auf der illegalen Handelsplattform Silkroad, auf der unter anderem Waffen und Drogen gehandelt wurden. Dank der relativen Anonymität der Kryptowährungen konnten dort die Transfers risikolos vonstattengehen. Diese Plattform wurde 2014 schließlich vom FBI geschlossen (o.V. 2014). Diese zwei Negativbeispiele haften dem Ruf der Kryptowährungen bis heute an. Für viele gilt die Kryptowährung daher immer noch als unsicher und als Währung für illegale Aktivitäten.

2.1.7 Klassifizierung der Blockchain

Blockchain-Systeme können anhand Ihrer Organisationsform und ihrer unterschiedlichen Implementierungen unterschieden und klassifiziert werden (vgl. Prinz, W./ Rose, T./ Osterland, T./ Putschli, C. 2018: Seite 316). Als eines der grundlegenden Klassifizierungsmerkmale gilt der Dezentralisierungsgrad des Netzwerkes. Die graduelle Abstufung beginnt bei einer zentralen Datenbank und kann bis zur vollständigen dezentralisierten Blockchain reichen. Genau wie herkömmliche Datenbanken kann die Organisationsform von Blockchains entweder privat, wie etwa die Porsche Blockchain, oder öffentlich, wie zum Beispiel der Bitcoin sein. Für diese Definition ist relevant, wer am Ende als Nutzer wirklich Transaktionen hinzufügt. Braucht er etwa die Autorisierung von einer Organisation oder Konsortiums, handelt es sich um eine private Blockchain.

Wenn man jedoch selber neue Informationen einspielen darf, handelt es sich um eine öffentliche Blockchain.

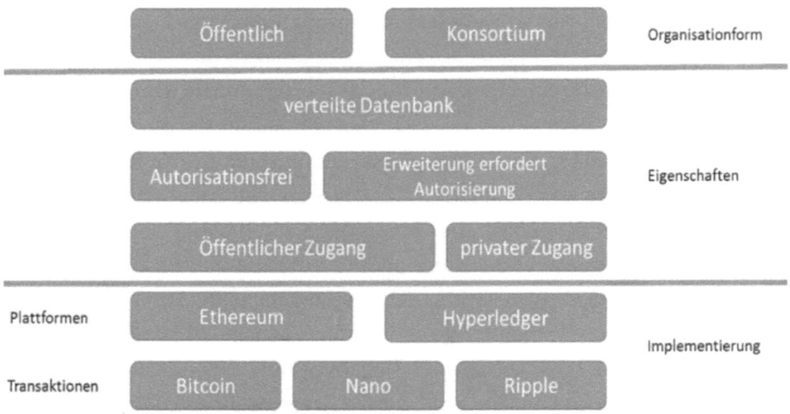

Abbildung 6 Klassifizierung der Blockchain
(in Anlehnung an Prinz, W./ Rose, T./ Osterland, T./ Putschli, C. 2018 : Seite 316)

Bei öffentlichen Blockchains gibt es zudem verschiedene Abstufungen. Wer darf Transaktionen zu Blöcken zusammenfassen und diese validieren? Bei System ohne Autorisierung kann dies jeder Nutzer tun und wird dafür finanziell entschädigt (meist in Form von Transaktionsgebühren, welche vom Nutzer entrichtet werden). Bei Blockchains mit einer erforderlichen Autorisierung dürfen nur bestimmte Teilnehmer neue Blöcke generieren und hinzufügen bzw. validieren. Die Festlegung dieser Teilnehmer geschieht durch die Organisation oder dem Konsortium. Die Vertrauensbasis liegt hierbei nicht bei den regulären Nutzern, sondern bei den vorher autorisierten Nutzern. Die Validierung basiert hier oft auf einem vereinfachten Prozess, wie etwa Proof-of-Stake anstatt Proof-of-Work.

Des Weiteren findet noch eine Unterscheidung anhand der Implementierung statt. Dabei geht es um den Zweck, den sie verfolgen. Sind sie als reine Kryptowährungen wie der Bitcoin, zum Durchführen von einfachen Transaktionen gedacht oder sind es sogenannte Plattform-Lösungen. Diese Plattformen, z.B. Ethereum, bieten die Möglichkeit mit Smart-Contracts zu arbeiten. Daneben gibt es noch so genannte Hyperledger. Dies sind industriell ausgerichtete Blockchain-Plattformen (vgl. Prinz, W./ Rose, T./ Osterland, T./ Putschli, C. 2018: Seite 317).

2.2 Simplifizierte Funktionsweise der Blockchain

Die Funktionsweise von der Blockchain-Technologie beruht auf drei Säulen. Die erste dieser Säulen ist die des offenen Kontobuches (Public Ledger). Um die Funktionsweise zu verdeutlichen, wird das Beispiel einer Transaktion gewählt. Diese sind bisher immer durch einen Mittelsmann zustande gekommen, in den meisten Fällen einem Dienstleister oder einer Bank. Das könnte sich mit der Blockchain ändern.

Folgendes Beispiel verdeutlicht die Funktionsweise auf Basis von Proof-of-Work einer dezentralen Blockchain und ist zudem stark simplifiziert (vgl. Karacic, D. 2017).

2.2.1 Offenes Kontobuch

Am Anfang hat Person A 100 Einheiten und verschickt davon 50 an B. Dieser sendet 30 an C und von dort aus werden 10 an D weitergeleitet.

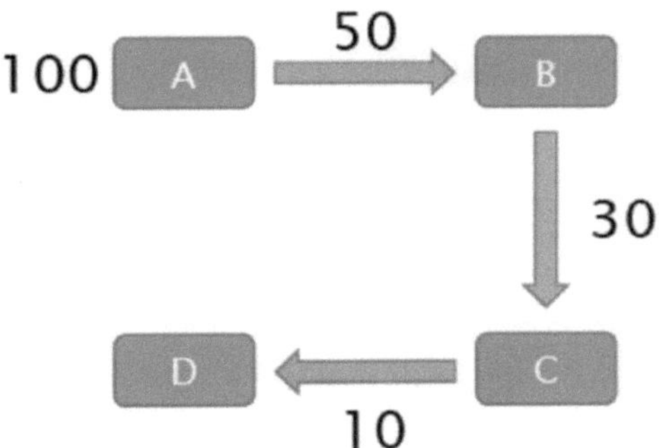

Abbildung 7 Einfache Transaktion
(in Anlehnung an Karacic, D 2017)

Diese oben aufgezeigten Transaktionen aus einem Kontobuch, können nun protokolliert werden.

Das würde dann so aussehen:

Der Anfangsbestand von A beträgt 100 und danach folgen die einzelnen Transaktionen. Diese werden miteinander verkettet (blauen Kreise).

Daraus resultiert dann folgendes Bild (vgl. Karacic, D. 2017).

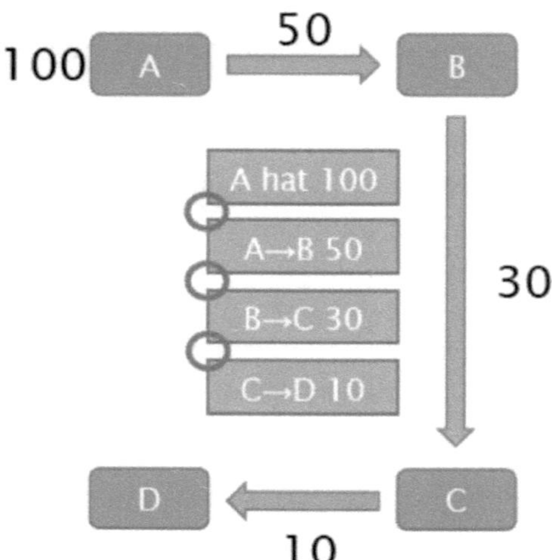

Abbildung 8 Verkettete Transaktion
(in Anlehnung an Karacic, D 2017)

Diese verketteten Transaktionen lassen schon auf den Namen Blockchain (Englisch für Blockkette) schließen. Dieses Prinzip besagt, dass alle Mitglieder in diesem Netzwerk (in diesem Beispiel A, B, C und D) Einblick auf das offene Kontobuch haben. Dadurch ermöglicht es den Teilnehmern, die Echtheit der Transaktionen zu prüfen. Demgemäß ist auch ein Betrug ausgeschlossen. Würde B versuchen 100 zu versenden, würde jeder sehen, dass ist nicht möglich, da er von A nur 50 erhalten hat (vgl. Karacic, D. 2017).

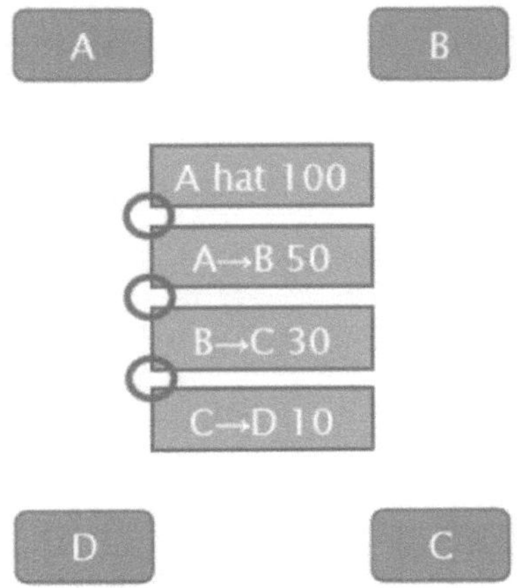

Abbildung 9 Verkettete Transaktion II
(in Anlehnung an Karacic, D 2017)

2.2.2 Verteiltes Kontobuch

Eine weitere Säule auf dem die Blockchain-Technologie aufbaut, ist die der
Dezentralität. Das offene Kontobuch im obigen Beispiel steht dort noch an
zentraler Stelle. Das Prinzip des verteilten Kontobuches (distributed ledger) sagt
aus,dass jeder Teilnehmer eine Kopie der Transkationshistorie erhält (vgl. Karacic,
D. 2017).

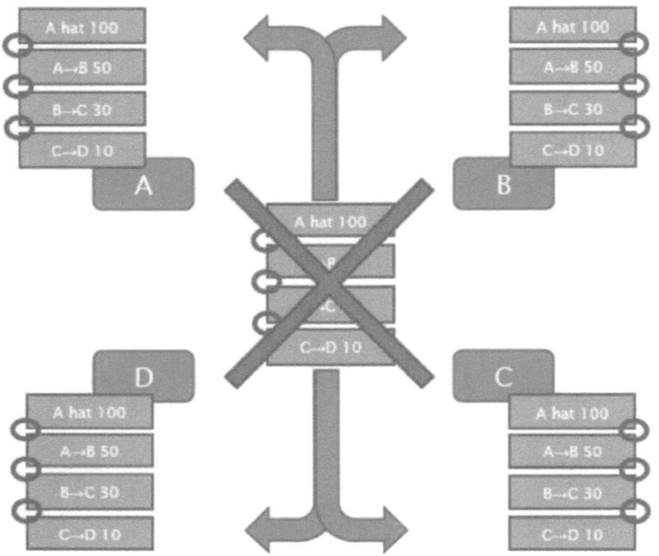

Abbildung 10 Verteiltes Kontobuch
(in Anlehnung an Karacic, D 2017)

Durch diese Maßnahme ist die Dezentralität gewährleistet. Das wiederum birgt ein neues Problem. Wie wird die Authentizität der einzelnen Kontobücher für jeden Teilnehmer gewährleistet? Dies wird bei vielen Kryptowährungen durch die sogenannten Miner oder Nodehalter erreicht.

2.2.3 Synchronisation der Kontobücher

Das wird anhand des vorherigen Beispiels von Schritt 2 deutlich. A übermittelt B von seinen 100 Einheiten 50 Einheiten. Als nächstes hat B vor, 30 Einheiten an C zu senden. Um diese Aktion durchführen zu können, muss B nun seine Absicht, nämlich die 30 Einheiten zu versenden, anmelden.

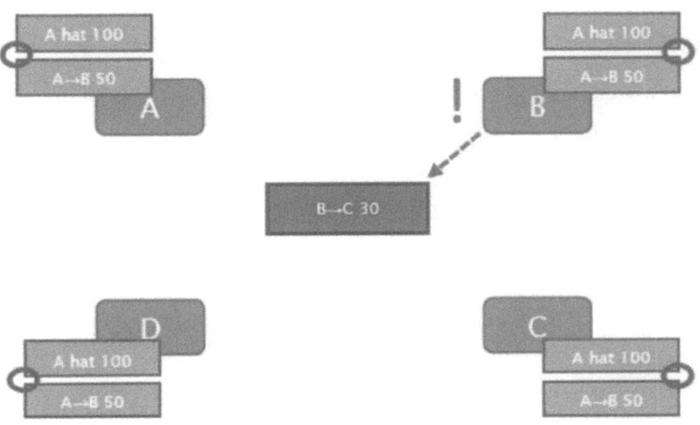

Abbildung 11 Synchronisation der Kontobücher Schritt 1: Anmeldung der Transaktion (in Anlehnung an Karacic, D 2017)

Die Transaktion bzw. das Vorhaben von B die 30 Einheiten an C zu schicken, sind noch nicht validiert worden. Das bedeutet, sie steht noch nicht in den Kontobüchern der anderen Teilnehmer. Für die Validierung sind die Miner zuständig. Diese sind Teilnehmer dieses Netzwerkes und in unserem Beispiel C und D. Diese beteiligen sich an der Ausschreibung der Transaktionen und wollen diese validieren. In diesem Beispiel erhält D den Zuschlag (vgl. Karacic, D. 2017).

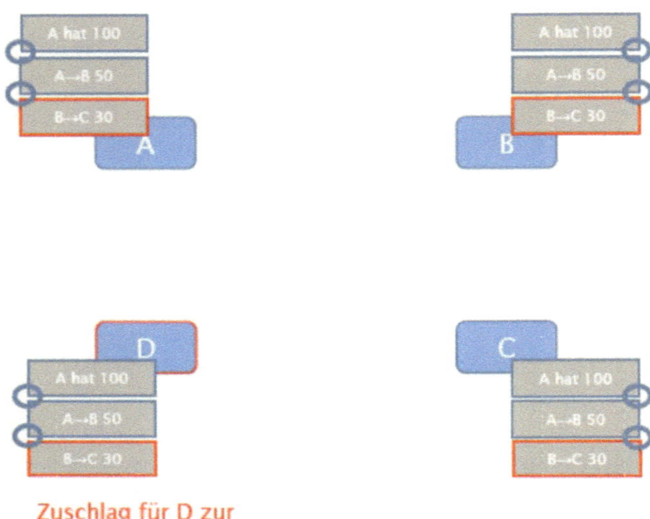

Abbildung 12 Synchronisation der Kontobücher Schritt 2: Validierung der Transaktion (in Anlehnung an Karacic, D 2017)

Eine Validierung der Transaktion, wie hier durch D, ist eine Haupttätigkeit der Miner. Dies passiert bei vielen Kryptowährungen über das Lösen von komplexen mathematischen Aufgaben.

Derjenige von den Minern, der diese Aufgaben als erstes gelöst hat, wird mit der Erlaubnis belohnt, diese Transkation zu validieren und mit der Blockchain zu verketten. Dadurch erhält der Miner in der Regel eine Vergütung in der zugrunde liegenden Kryptowährung, welche von dem Transaktionsinitiator als Gebühr entrichtet wird.

Sobald ein Miner sich für die Eintragung der Transaktion in die Blockchain qualifiziert hat und diese durchgeführt wurde, hat jeder Teilnehmer jetzt den gleichen Stand und die Transaktion ist abgeschlossen (vgl. Karacic, D. 2017).

2.3 Ethereum

Ethereum ist eine offene Blockchain Plattform, die im Jahre 2014 von den drei Programmierern Vitalik Buterin, Gavin Wood, Jefrey Wilcke ins Leben gerufen wurde (vgl. Marr, 2018). Sie ermöglicht das Ausführen, Anlegen und das Verwalten von dezentralen Applikationen (sogenannten Decentralized Apps, auch als DApps bezeichnet) auf einer Blockchain. Im Gegensatz zu der Bitcoin-Technologie, soll die Ethereum Plattform laut Entwicklern aber flexibel und adaptierbar sein. Zudem soll es sehr einfach sein, neue Anwendungen innerhalb der Ethereum Plattform zu erstellen. Mit diesen Funktionalitäten hebt sich Ethereum, welches mittlerweile die auf Basis der Marktkapitalisierung zweitwertvollste Kryptowährung ist, entschieden vom Bitcoin ab. Neben der Funktion des Werttransfers und den oben beschriebenen dezentralen Anwendungen, hat die Ethereum Plattform zudem die Möglichkeit Smart Contracts aufzusetzen. Diese sind, vereinfacht gesagt in der Lage, vordefinierte Vertragsmodalitäten automatisiert zu überwachen und falls nötig Aktionen auszuführen. Zusammenfassend lässt sich sagen, dass bei allen Anwendungen bei denen Sicherheit, Vertrauen und Permanenz wichtige Kriterien sind, die Ethereum Plattform in Zukunft eine wesentliche Rolle spielen könnte (vgl. Martindale, J. 2018). Die neu entstandenen Möglichkeiten der DApps und Smart Contracts führten dazu, dass viele namenhafte Firmen sich mit der Ethereum Technologie auseinandersetzen. Dazu wurde die Ether Alliance gegründet. Zu dessen Mitglieder gehören unzählige Unternehmen aus verschiedenen Branchen und Industriezweigen. Darunter fallen Beispielsweise AMD, Intel oder auch Deloitte, Credit Suisse und Microsoft, sowie die Santander Bank, Shell oder Toyota (vgl. o.V. 2018). Diese Allianz hat sich als Ziel gesetzt, auf Basis von Ethereum einen Standard zu entwickeln, der in der Zukunft als Open Source Blockchain Plattform dienlich sein soll. Das alles zeigt, die enorme Relevanz der Ethereum Technologie (vgl. o.V. 2018).

2.4 Smart Contracts

Die Programmierbarkeit der Ethereum Plattform basiert auf der Fähigkeit Smart Contracts zu erstellen und auszuführen. Die Bezeichnung Smart Contract wurde das erste Mal von Nick Szabo im Jahre 1996 verwendet (vgl. Christidis, K./ Devetsikiotis, M. 2016). Diese beschreiben ein Packet an Versprechen in spezifischer digitaler Form. Innerhalb dieser Form gibt es Protokolle, an die sich die Vertragspartner halten (vgl. Gord, M. 2016). Die Smart Contract Alliance, definiert in ihrem Whitepaper über Smart Contracts, folgenden vier Bedingungen, welche erfüllt werden müssen, damit es sich um einen Smart Contract hanbdelt (vgl. Smart Conracts Alliance 2016).

1. Eine Reihe von Versprechungen

Diese Versprechungen müssen sich auf die erstellten Bedingungen und Regeln des der Vertragspartner erstellten Vertrages beziehen. Sie sollen von den Vertragspartnern für den von ihnen angestrebten Austausch akzeptiert werden.

2. Spezifische digitale Form

Dies bedeutet, dass der Smart Contract elektronisch bzw. digital arbeitet und seine Bedingungen und ausgeführten Operationen alle in einem Software-Code geschrieben werden.

3. Protokolle

Die Protokolle definieren die Regeln in Form eines Algorithmus, die jeder Vertragspartner einhalten muss, um die definierte Operation auszuführen (z.B. Freigabe einer Zahlung)

4. Eigenständigkeit

Hiermit soll die Eigenständigkeit eines Smart Contracts hervorgehoben werden. Alle Operationen werden autonom ausgeführt und sind nach Ausführung in der Regel nicht mehr rückgängig zu machen.

Zusammenfassend lässt sich sagen, dass Smart Contracts Vereinbarungen zwischen Vertragspartnern sind, welche mithilfe eines Computercodes geschrieben und programmiert werden. Sie laufen autonom und führen bestimmte Operationen aus, sofern vordefinierte Bedingungen erfüllt wurden. Dies alles kann innerhalb einer Blockchain integriert stattfinden. Die Ethereum Plattform stellt die hierfür nötigen Verifikationen und die Integrität zur Verfügung.

2.4.1 Funktionsweise Smart Contracts

Um zu verstehen wie Smart Contracts funktionieren, ist es wichtig zu verstehen, wie die Ethereum Plattform funktioniert und wie die Smart Contracts dort ihre Verwendung finden. Die Basiseinheit bei Ethereum ist der Account. Der Status des Accounts wird auf der Blockchain überwacht. Jedes Mal, wenn es zu einem Austausch an Informationen oder Werten zwischen Accounts kommt, werden diese Veränderungen auf der Blockchain festgehalten. Es gibt zwei Arten von Accounts. Zum einen den Externally Owned Account (EOA) und zum anderen den Contract Account. Die EOAs werden von Private Keys kontrolliert, die Usern gehören. Contract Accounts werden von ihrem eigenen Code kontrolliert. Sie können von den EOAs aktiviert werden (vgl. o.V. 2016a). Die Contract Accounts sind demzufolge die Smart Contracts auf der Blockchain.

Eine Zusammenfassung wie Smart Contracts auf der Blockchain funktionieren ist in Abbildung 13 zu sehen. Für die Erstellung eines Smart Contracts muss zuerst eine Möglichkeit identifiziert werden. Für diese muss ein gewünschter Ausgang für alle Vertragspartner festgelegt werden. Dies kann jeglicher denkbare Austausch von Werten wie etwa Waren oder Dienstleistungen sein. Als nächstes müssen die Vertragsbedingungen, die es zu erfüllen gilt, definiert werden. Die Ausführung bzw. Erfüllung der Bedingungen können von den Vertragspartnern selbst, durch externe Events oder auch Meilensteine erfolgen. Jede dieser Bedingungen wird elektronisch auf die Blockchain geschrieben. Dadurch kann der Smart Contract auf die Blockchain übertragen werden. Anschließend kommt es zu einer automatischen Ausführung, sofern die spezifischen Bedingungen erfüllt sind.

Um die Smart Contracts zu initiieren muss der EOA eine Transaktion mit einem Contract Account ausführen. Verschlüsselt wird diese Transaktion mit dem Private Key. Für die anderen Teilnehmer der Blockchain ist dies über den Public Key sicht- und nachvollziehbar. Dies ist notwendig um die Legitimität der Transaktion zu gewährleisten. Sobald Konsens über die Legitimität der Transaktion herrscht, wird die Transaktion auf die Blockchain geschrieben. Dort wird der Smart Contract ausgeführt und das Ergebnis ebenfalls auf der Blockchain gespeichert.

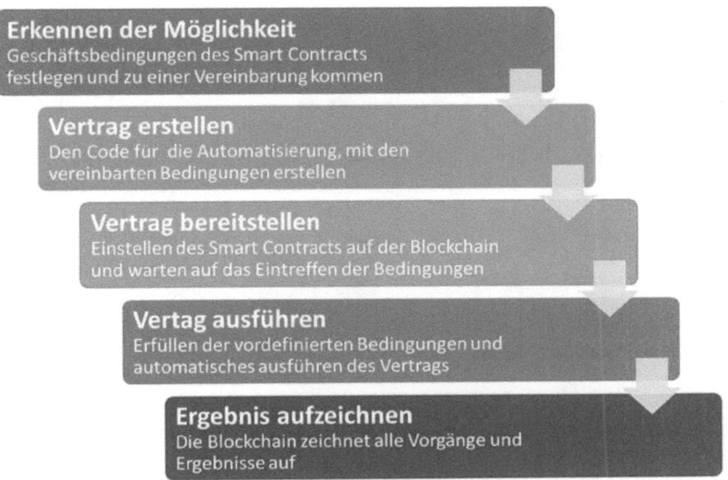

Abbildung 13 Funktionsablauf eines Smart Contracts
(in Anhlehnung an Smart Conracts Alliance 2016)

Für die benötigte Rechenleistung der Aufrechterhaltung des Proof of Work Systems, wird für jede an der Blockchain durchgeführte Veränderung eine Transaktionsgebühr erhoben. Diese werden von den Ausführenden in Form von Ether (dem Token des Ethereum Netzwerkes) an die Node-Halter bezahlt. Der Betrag ist eine dynamische Gebühr und richtet sich nach der benötigten Rechenleistung. Dies soll die Effizienz des Smart Contracts gewährleisten (vgl. o.V. 2016a).

2.5 Dezentrale Anwendungen (DApps)

Unter der Abkürzung DApp versteht man dezentrale Applikationen. Im Gegensatz zu herkömmlichen Apps wie etwa der Facebook App, werden DApps nicht zentral von einer Seite betrieben, gewartet oder weiterentwickelt. Überträgt man also diese DApp Logik auf die Facebook App, würde dies bedeuten, dass die App nicht nur ausschließlich von Facebook gehostet werden würde, sondern zusätzlich noch von verschiedenen anderen Entitäten. Die Möglichkeit Applikation einseitig zu verändern, fällt dementsprechend weg.

Bitcoin, Ethereum und die meisten anderen Kryptowährungen sind DApps und sind im Vergleich zu Apps wie Facebook Open Source.

Die Dezentralität von DApps wird in folgender Abbildung 14 im Vergleich zu der Zentralität von Apps verdeutlicht (vgl. Schiller, 2018).

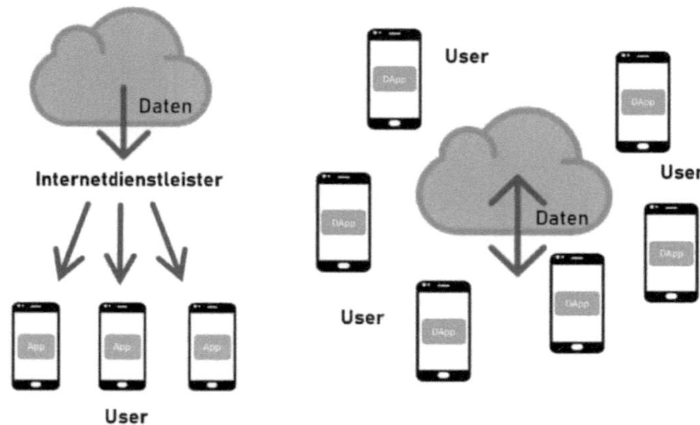

Abbildung 14 Zentrale und dezentrale Applikationen im Vergleich

Für die dezentralen Applikationen gibt es vier verschiedene Definitionskriterien. Die Anwendung muss Open Source sein, auf einer Blockchain basieren und kryptografische Token anbieten. Als letztes braucht sie noch eine Funktion, um diese Token zu generieren. Diese vier Bedingungen sind eng miteinander verknüpft: (vgl. Johnston, D. 2015).

1. Open Source

Der Quelltext der Software muss frei zugänglich sein.

Als Quelltext bezeichnet man den Code einer Software, welcher in einer bestimmten Programmiersprache verfasst wird. Man kann den Quelltext als DNA des Programmes bezeichnen. Werden hier Veränderungen durchgeführt, verändert sich das ganze Programm.

Der Quelltext der DApp sollte zugänglich sein und sollte eigenständig operieren. Eine zentrale Instanz, die z.B. als Systemadministrator fungiert, gibt es nicht. Die Zukunftsausrichtung der Entwicklung wird durch Vorschläge von den Entwicklern oder Anpassungen auf Marktreaktionen bestimmt. Die Entscheidung wird abschließend nur über einen Konsens erreicht.

2. Dezentralität

Um die Definition einer DApp zu erfüllen müssen alle Daten, Berichte und der Quellcode auf einer dezentralen Blockchain gespeichert werden. Zum Beispiel wird die Facebook App von zentrale Rechenzentren betrieben. Eine DApp hingegen wird von vielen verschiedenen vernetzten Computern betrieben, die das Netzwerk der Blockchain bilden.

3. Kryptografisch verschlüsselte Tokens

Diese Token sind Beispiele einer Kryptowährung. Ein Token im Blockchain Kontext ist eine kryptografisch verschlüsselte Einheit, welche den Datensatz der Blockchain wiederspiegelt. Wenn Miner mit Tokens arbeiten und zum Beispiel mit Ethereum Handel betreiben, handeln sie quasi mit einer Duplikation der Blockchain. Dies hat den Sinn, dass die Miner für das minen belohnt werden können, aber auch die Sicherheit vor Hackern gewährleistet werden soll.

4. Erzeugung von Tokens

DApps brauchen eine Funktion, um die kryptografischen Token erzeugen zu können. Dazu werden verschiedene Algorithmen verwendet. Der bekannteste ist der SGA-256 des Bitcoins. Die Erzeugung der Tokens geschieht i.d.R. entweder durch Proof of Work und Miner, die diese durch lösen der Rechnungen des Algorithmus generieren. Oder alternativ durch Proof of Stake, der Gewichtung des Anspruchs durch Vermögen („Stake").

2.6 Klassifizierung von DApps

Es gibt verschiedene Klassifizierungsansätze. Die gängigste ist die der Klassifizierung auf Basis des Eigenständigkeitslevels. Also besitzt die DApp eine eigene Blockchain oder nicht. Demzufolge gibt es drei verschiedene Typen von Blockchains (vgl. Schiller, 2018).

Typ I

Die Erste Klasse der dezentralen Anwendung besitzt seine eigene Blockchain. Als berühmtes Beispiel ist hier der Bitcoin zu nennen, aber auch viele der anderen Altcoins fallen in diese Kategorie.

Typ II

Die zweite Variante der DApps benutze eine Blockchain des Typs I. Diese sind Protokolle und besitzen eigene Tokens, welche notwendig für ihre Benutzung sind. Ein Beispiel hierfür ist das Omni Protkoll.

Typ III

Diese DApps basieren auf dem Protokoll des Typs II. Sie haben ein Protokoll und besitzen Tokens. Zum Beispiel das SAFE Network, welches auf dem Omni Protokoll basiert und sogenannte Safe Coins ausgibt, welche für die Nutzung des Dienstes gebraucht werden.

Als passende Analogie kann man den Typ I mit einem Computer Betriebssystem vergleichen, wie etwa Windows oder Linux. Der Typ II ist eine Software die einen Zweck erfüllt. Als Beispiel hierfür wären ein Rechen- und Kalkulationsprogramm wie Microsoft Excel. Die dritte Stufe der Typ III sind dann Anwendungen bzw. Software Lösungen, die auf Typ II laufen. Zum Beispiel das vorprogrammierte Makro, welches in Excel ausgeführt wird. Auch kann man passend durch diese Analogie das DApp Universum ableiten. Es wird wenige Typen I, mehrere Typen II und viele Typen III geben. Wie es eben auch wenige Betriebssysteme, mehrere Softwarelösungen für einen speziellen Zweck und viele Anwendungen, die auf diesen basieren gibt

3 Potentiale und Risiken der Blockchain-Technologie

Everything will be tokenized and connected by a blockchain one day – Fred Erhsam, Mitgründer Coinbase 2018

Dieses Zitat des Mitgründers von Coinbase, der wohl größten Börse für Kryptowährungen, zeigt den Optimismus, der bei einem großen Teil der Experten vorherrscht. Um den Grund hierfür zu verstehen, müssen die Vorteile der Blockchain genauer betrachtet werden. Auf der anderen Seite dürfen auch die Risiken, die es zweifelsohne gibt, nicht vernachlässigt werden. Diese beiden Seiten werden in dem folgenden Kapitel erörtert, um ein ganzheitliches Bild zu schaffen.

3.1 Potentiale der Blockchain-Technologie

Die Vorteile der Blockchain-Technik sind sehr vielschichtig und in vielen Fällen eng miteinander verwoben und nicht klar trennbar. Folgende Auflistung versucht die wichtigsten zu nennen und zusammenzufassen.

3.1.1 Sicherheit und Transparenz

Die wichtigsten und größten Vorteile, die mit der Blockchain-Technologie zusammenhängen, sind die enorme Transparenz und Sicherheit, die damit verbunden ist. Im Vergleich zu herkömmlichen Aufzeichnungsmethoden bietet die Blockchain enorme Vorteile die Transparenz betreffend. Bei herkömmlichen Methoden könnte man die Daten auf einer Datenbank manipulieren und die Veränderungen vor Dritten verbergen. Durch die fehlende Transparenz können einzelne Einträge oder ganze Datenbanken manipuliert werden, ohne dass es auffällt. Die Transparenz der Blockchain-Technologie basiert auf der Tatsache, dass alle Teilnehmer auf der Blockchain mögliche Änderungen und Manipulationen sehen. Sie sind ohne eine Validierung der Teilnehmer auch nicht durchführbar. Dies führt dazu, dass die Blockchain relativ sicher vor Verschleierungen von Transaktionen oder gar Manipulation ist.

Alle Änderungen an der Blockchain geschehen nahezu in Echtzeit, da sie validiert und zur Blockchain hinzugefügt werden müssen. Das Szenario, dass eine Einzelperson innerhalb einer Organisation Geld stiehlt oder Unternehmensverluste verschleiert, ist deutlich unwahrscheinlicher, wenn eine Blockchain eingesetzt wird. Diese Sicherheit kann für viele verschiedene Industriezweige angewandt werden. Ob für das Beobachten von Transaktionen in Echtzeit oder das Tracken von Supply-Chain Abläufen. Diese Sicherheit bzw. Transparenz bezieht sich auf alle Werte, die auf der Blockchain aufgezeichnet werden (vgl. Flemming, S. 2017). Die Blockchain ist nicht 100% sicher, aber löst viele Probleme konventioneller Systeme. Jedoch gibt es weiterhin noch Sicherheitsrisiken (siehe Risiken der Blockchain-Technologie Punkt 3.2).

3.1.2 Entfernen des Mittelsmanns und Vertrauen

Die meisten Transaktionen zwischen Personen oder Unternehmen heutzutage erfordern einen Mittelsmann. Das sind i.d.R. Serviceanbieter oder eben Banken. Diese gewähren das Vertrauen und die Sicherheit, welche Grundvoraussetzungen für eine Transaktion sind. Ein Vorteil der Blockchain ist es, die Mittelsmänner zu ersetzen und sie es den Transaktionsteilnehmern erlaubt, Transaktionen eigenständig durchzuführen. Dies ist ein enormer Vorteil angesichts der Tatsache, dass es eine enorme Anzahl von Menschen gibt, die sich nicht auf die Mittelsmänner verlassen können. Gründe hierfür sind zum Beispiel korrupte Regierungen, hohe Kriminalitätsraten, mangelhafte Regulierung von Unternehmen, händische Aufzeichnungen der Transaktionen oder fehlende rechtliche Mittel um Forderungen geltend zu machen (vgl. Flemming, S. 2017).

Wie in den vorherigen Kapiteln aufgezeigt, basiert die Blockchain-Technologie auf einem dezentralisierten Netzwerk und dem Konsensprinzip. Diese beiden Eigenschaften ermöglichen es, auf eine zentrale Autorität zu verzichten. Die Aufsicht über Transaktionen kann nun von den verschiedenen Teilnehmern des Netzwerkes übernommen werden und machen Mittelsmänner somit überflüssig. Das System der Blockchain garantiert Vertrauen. Ein Grund hierfür ist, dass sobald zwei Transaktionsteilnehmer eine Vereinbarung treffen, diese direkt auf der Blockchain gespeichert wird. Dort ist sie dann für alle anderen Teilnehmer des Netzwerks zu sehen. Die Transaktion muss von den verschiedenen Nodehaltern oder Minern validiert werden und diese fungieren in dem Fall dann als die vertrauensstiftenden Institutionen und gewährleisten die Sicherheit der Transaktion. V&C argumentieren hierfür, dass es besser sei einem Algorithmus-basierendem System zu vertrauen, als den von bestechlichen Menschen und deren Fehlern geleiteten großen Institutionen der alten Finanzindustrie (vgl. Schupak, A. 2015). Jede Transaktion, egal ob ein Handel oder etwa eine Versicherung, wird auf der Blockchain in Form eines einzelnen transparenten und unbestechlichen Ledgers gespeichert. Es ist nahezu unmöglich Manipulationen an diesen vorzunehmen (vgl. Vitalik, B. 2014).

3.1.3 Dezentralität

Die Dezentralität der Blockchain Datenbank ist eine Schlüsselkomponente der Technologie. Es hängt eng mit dem Entfernen der Mittelsmänner zusammen. Die Blockchain wird auf einem einzigen geteilten Ledger betrieben, anstatt auf vielen verschiedenen, welche privat von Institutionen gesteuert werden. Man muss die Kontrolle nicht mehr an einzelne Institutionen abgeben, wenn sie eine Blockchain benutzen.

Wenn zum Beispiel Banken untereinander Anlagen transferieren, speichert jede Bank diese Transaktionen in ihren eigenen Kontobüchern, Strukturen und Systemen ab. Bei einer Blockchain-Transaktion ist lediglich ein einziges Kontobuch/Ledger notwendig, um allen Teilnehmern die Transaktion offenzulegen. Die Teilnehmer können diese dann einsehen, validieren und zustimmen.

3.1.4 Günstiger und Schneller

Einige Gründe, die für die Kostenersparnis sprechen, wurden oben bereits beschrieben. Aber auch durch das Auslassen der Mittelsmänner können Transaktionen deutlich schneller und günstiger vonstattengehen, da diese nicht mehr eingebunden und bezahlt werden müssen. Gleichzeitig fallen Kosten für Buchhaltung und das Lagern von Informationen weg (vgl. Staley, O. 2016). Neben den oben angesprochenen Kosten sind bei herkömmlichen Transaktionen enorme Mengen an Kapital gebunden. Dies ist notwendig um die mit der Transaktion einhergehenden Risiken abzufedern. Es sind in der Regel 9% Absicherung nötig, welche von der Bank hinterlegt werden müssen (vgl. Autonomous Research (Hrsg.) 2016). Der Report geht davon aus, dass zusätzlich 5% von diesen Absicherungen frei gemacht werden, wenn auf die Blockchain-Technologie gesetzt wird.

Neben den Kosten ist die Geschwindigkeit, in der die Transaktionen durchgeführt werden ein weiterer Vorteil, welcher enormes Potential birgt. Eine Transaktion von Bitcoins braucht im Schnitt 10 Minuten für die Generierung eines neuen Blocks. Diese Zeit schwankt aktuell noch aufgrund von Skalierbarkeitsproblemen. Es gibt jedoch andere Blockchain-Technologien, bei denen die Transaktion deutlich schneller ausgeführt wird. Im Ripple Netzwerk zum Beispiel dauert eine Transaktion laut aktuellem Stand 3-5 Sekunden (vgl. Schwartz, D./ Youngs, N./ Britto, A. 2014). Das Beschleunigen der Transaktionen bietet den Vorteil, dass weniger Geld im Umlauf und somit das Abwicklungsrisiko geringer ist. Laut einer NASDAQ Pressemitteilung kann das Abwicklungsrisiko durch die Blockchain-Technologie um

99% gesenkt werden und verringert somit auch die Kapitalkosten und systematischen Risiken drastisch (vgl. o.V. 2015).

Die Santander Bank geht in einem ihrer Arbeitspapiere davon aus, dass die Distributed Ledger Technology bzw. die Blockchain allein im Bankensektor jährliche Ersparnisse in Höhe von 20 Milliarden Dollar bringen kann (vgl. Liu, A. 2015).

3.1.5 ICOs als moderne Art der Unternehmensfinanzierung

Initial Coin Offerings haben sich zu einer sehr beliebten Finanzierungsmöglichkeit für Projekte entwickelt, die auf der Blockchain-Technologie basieren. Im Jahre 2017 wurden Investments in Höhe von 4,6 Milliarden US-Dollar eingesammelt (vgl. Diemers, D. 2017). Im Vergleich waren es im Jahr 2016 nur 0,2 Milliarden US-Dollar. Die Begrifflichkeit lehnt sich an die Initial Public Offerings (IPO), dem Erstverkauf von Aktien vor dem Börsengang, an. Technisch sowie rechtlich haben die beiden Finanzierungsformen jedoch sehr wenig gemeinsam (vgl. BaFin 2017). Während einer ICO werden für eine bestimmte Zeitspanne Tokens oder Coins im Austausch für andere Kryptowährungen, wie etwa Bitcoin oder Ether, angeboten. In manchen Fällen können diese auch für Fiatgeld erworben werden. Diese rein digitale Teilhabe birgt einige Vorteile.

Der bedeutendste Vorteil aus Sicht der Unternehmen ist, dass keine Unternehmens-anteile veräußert werden müssen, um das Projekt zu finanzieren. Die Investoren erwerben nur einen Token als Gegenleistung für eine in aussichtgestellte Dienstleistung. Zudem entsteht hier der indirekte Vorteil des Glaubens an eine positive Entwicklung des Projekts (Stichwort Crowd Support). Durch das Erwerben der Tokens sichert sich das Unternehmen zudem gleich einen ersten potentiellen Kundenkreis. Der Product Fit/Market Fit kann hierdurch relativ früh beobachtet werden, um eventuelle Schlüsse daraus zu ziehen. Als abschließenden Vorteil gilt es die Unkompliziertheit zu nennen. Aufgrund von einfacher technischer Realisierung und noch mangelnder Regulierung sind ICO schnell aufgesetzt und besitzen eine große Reichweite. Eine regionale Beschränkung, gibt es bis auf wenige Ausnahmen nicht (vgl. Hahn, C. 2018).

3.2 Risiken der Blockchain-Technologie

Neben den vielseitigen Vorteilen gibt es jedoch auch einige Nachteile und Risiken, die genauer betrachtet werden müssen. Viele der genannten Vorteile sind auf der anderen Seite auch Faktoren, bei denen es sich potentiell um einen Nachteil handeln könnte.

3.2.1 Mangelnde Regulierung

Der Fokus der Regulierungen lag die letzten Jahre quasi ausschließlich auf dem Bitcoin. Sie zielten darauf ab, die illegalen Aktivitäten, welche mit ihm durchgeführt wurden, einzudämmen. Die Blockchain-Technologie als Ganzes wurde nicht betrachtet. Aufgrund der Geschwindigkeit, mit der sich das Umfeld und die Technologie entwickeln, wird eine vollständige Regulierung nicht zu verhindern sein. Das Hauptproblem ist die Komplexität der Technologie. Diese muss von den zuständigen Instanzen erst vollständig erörtert werden um ihr einen regulatorischen Rahmen zu geben. Laut Autonomous Research (vgl. Autonomous Research (Hrsg.) 2016) sind die meisten Regularien 2016 noch in der ersten Stufe. Ausschließlich die Bank of England und die Kanadische Bank waren damals bereits auf die zweite Stufe vorgedrungen. Das bedeutet, dass sie sich bereits mit den Risiken und Möglichkeiten der Technologie beschäftigen. Im Jahre 2018 sind wir mittlerweile weiter. Viele internationale Banken haben sich mit der Technologie beschäftigt. Gegenwärtig ist diese Technologie sogar in der Politik schon ein Begriff. Die SEC (United States Securities and Exchange Commission) hat sich ebenfalls mit Kryptowährungen befasst und strebt eine rechtliche Einordnung an (vgl. Varathan, P. 2018). Viele Banken planen für die Zukunft den ersten Direkthandel von Kryptowährungen. Ein fundamentaler Paradigmenwechsel. Im letzten Jahr war von vielen Banken noch überwiegend Skepsis zu hören (vgl. Kim, T. 2018). Auf Stufe drei der Regulierung ist aktuell noch keine Instanz. Das bedeutet, dass noch keine vollständige rechtliche Einordnung und Regulierung besteht.

Ein weiteres Problem ist die mangelnde rechtliche und juristische Klarheit der Technologie. Zum Beispiel gibt es rechtliche Aspekte, welche schlicht und ergreifend mit der Technologie inkompatibel sind. Als Beispiel hierfür lässt sich das Ändern oder Zurückrufen einer Transaktion nach einem rechtlichen Streit nennen. Dies ist mit der Blockchain nicht durchführbar. Dazu kommt, dass es keine internationale Übereinstimmung über die Einordnung gibt. Dies bietet die Möglichkeit, die verschiedenen Regularien zu seinem Vorteil zu nutzen. Die mangelnde Sicherheit, die mit der fehlenden Regulierung einhergeht, ist auch aus der Sicht der Industrie ein Hemmnis. Das Potential der Blockchain könnte durch Regularien extrem beschnitten werden. Laut Deloitte (vgl. Deloitte, 2017) zeigt sich, dass gesellschaftsverändernde Technologien sich erst entwickeln müssen, bevor sie sich mit Regulierungen konfrontiert sehen. Dies zeigt vor allem das Beispiel des Internets. Das Internet wurde erst 40 Jahre nach seiner Entwicklung wirklich reguliert. Das

Telefon brauchte 35 Jahre, das Flugzeug 35, das Radio 20 und das Mobiltelefon 24 Jahre (vgl. Deloitte, 2017).

3.2.2 Hürden der Adaption

Obwohl viele Unternehmen damit beginnen auf die Blockchain-Technologie zu setzen, gibt es dennoch sehr viele verschiedene Ansätze und Ideen, wie dies umgesetzt werden soll. Der vielleicht größte Streitpunkt ist die fundamentale Ausrichtung der Technologie. Sollen die Blockchains dezentralisiert oder zentralisiert betrieben werden? Die Grundidee war, laut Erfinder des Bitcoins Satoshi Nakamato, die Dezentralität und das Zurückgeben der Kontrolle an die Nutzer (vgl. Nakamato, S. 2008). Diese Dezentralität birgt aber auch einige Nachteile und deshalb setzen gerade große Finanzinstitutionen unter anderem auf Zentralität. Sie wenden zwar die Distributed Ledger Technologie an, verzichten aber darauf diese öffentlich und dezentral zu halten. Dies geschieht entweder indem sie eine eigene private Blockchain aufsetzen oder eine private DApp auf eine bereits bestehende öffentliche Blockchain aufbauen. Ein Beispiel dafür ist das Ripple Netzwerk. Diese Blockchain wurde von einem Banken Konsortium gegründet und entwickelt (vgl. Schwartz, D/ Youngs, N/ Britto, A 2014). Mit dieser Blockchain und dessen Token XRP soll der Transfer zwischen Banken via Blockchain ermöglicht werden. Die Nodes der Blockchain werden vorher streng ausgewählt und müssen gewisse Kriterien erfüllen. Eine weitere Hürde in diesem Zusammenhang ist die allgemeine Wahrnehmung der Blockchain-Technologie. In vielen Köpfen werden mit Bitcoin noch Geldwäsche, extreme Volatilität und kriminelle Machenschaften verbunden. Für viele gilt immer noch Bitcoin entspricht der Blockchain und ist für viele das Selbe. Dieses Misstrauen wird durch den Edelman Report 2017 verdeutlicht. Dieser zeigt, dass von den acht bewerteten innovativen Technologien nur zwei nicht vertraut wird (Siehe Abb. 15). Dies sind die Blockchain-Technologie und das kontrovers diskutierte autonome Fahren (vgl. o.V. 2017a).

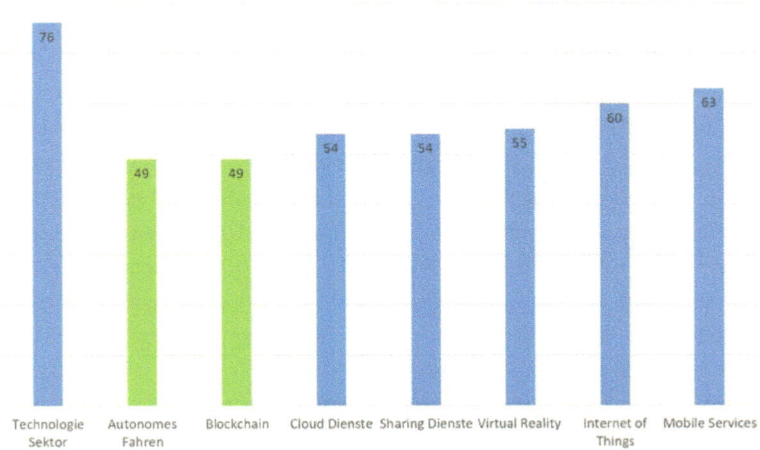

Abbildung 15 Vergleich des Vertrauens in innovative Technologien
(in Ahnlehnung o.V. 2017a)

Die Grafik zeigt, dass die große Mehrheit der Technologie noch skeptisch gegenübersteht. Das muss sich ändern um die Technologie wirklich in den Alltag der Leute zu bringen.

3.2.3 Technische Einschränkungen

Neben den oben beschriebenen Risiken und Problemen gibt es noch einige Einschränkungen, die mit der Technik an sich einhergehen. Diese sind jeweils abhängig von der Form der Blockchain.

1. Das Netzwerk

Die Blockchain ist nur so gut wie das Netzwerk, durch welches es betrieben wird. Würden die Miner des Bitcoins aufhören zu minen, so würde die Blockchain zusammenbrechen. Das gleiche gilt für Proof of Stake Blockchains. Eine Blockchain steht und fällt mit ihren Minern oder Nodehaltern.

2. Datenschutz

Es gibt Bedenken von Firmen oder Privatpersonen, welche ihre Daten nicht auf einem Public Ledger veröffentlich sehen wollen. Je nach Form der Blockchain ist dies aber unumgänglich. Da Unternehmen oder Privatpersonen ihre Daten, wie etwa

Vermögenswerte oder Transaktionsverlauf, eventuell nicht öffentlich machen, wird der Einsatz für manche Einsatzzwecke limitiert sein.

3. Energieverbrauch

Beim Einsatz eines Proof of Work Algorithmus wird zwangsläufig Rechenleistung benötigt. Mit Hilfe dieser die komplexen Aufgaben gelöst werden. Die Anforderung an die Rechenleistung steigt mit der Zeit kontinuierlich an und wird somit immer Energiehungriger. Bei steigender Adaption könnte diese zu einem Hemmnis werden. Das Minen von Bitcoin verbraucht heute schon Unmengen an Ressourcen. Laut einigen Experten übersteigt der Energiehunger des Bitcoinminings den Verbrauch von Irland (vgl. Brenneis, F. 2018). Auch wenn diese Thesen mit Vorsicht zu genießen sind, zeigen Sie in Zeiten in denen Nachhaltigkeit immer wichtiger wird, dass es durchaus ein Problem darstellt.

4. Kapazität/Skalierbarkeit

Wenn die Anzahl der Transaktionen auf einer Blockchain steigt, müssen die Miner oder Nodehalter zwangsläufig mehr Validierungen durchführen und es kann durchaus zu Problemen kommen. Es gab mehrere Zeiteräume währendessen die Transaktionszeit auf der Bitcoin Blockchain auf mehrere Stunden gar Tage angewachsen ist (vgl. Turula, T. 2017). Auch kam es vermehrt zu nicht validierten Transaktionen. Ein anderes Beispiel wird anhand der DApp CryptoKittens deutlich. Dieses Spiel zum Handeln von virtuellen Katzen, brachte die Blockchain Ethereum aufgrund der vielen Trades durch die App an den Rand des Zusammenbruchs (vgl. Nijui, P. 2018). Diese Skalierbarkeitsprobleme müssen gelöst werden, bevor die Blockchain im großen Umfang Alltagstauglich wird.

5. Geschwindigkeit

Die Geschwindigkeit der Blockchain hängt häufig mit der Kapazität der Blockchain zusammen. Wenn sie nicht ausgelastet ist können Transaktionen in der Regel schnell durchgeführt werden. Der Bitcoin schafft im Augenblick 7 Transaktionen pro Sekunde, Visa im Vergleich 56000 (vgl. o.V. 2017b). Dies ist ein großer Flaschenhals der Technologie. Diese entwickelt sich aber stetig weiter. Es gibt bereits Blockchains die eine deutlich höhere Anzahl erreichen. Die Kryptowährung Ripple zum Beispiel erreicht 1500 Tp/s (vgl. Schwartz, D./ Youngs, N./ Britto, A. 2014).

6. 51% Angriff

Wenn eine einzelne Person oder Gruppe es schafft 51% der Miningpower zu erhalten, so könnten sie die Blockchain manipulieren. Das heißt sie könnten

Transaktionen verhindern oder rückgängig machen. Dieses Problem könnte im Falle des Bitcoins durchaus irgendwann noch relevant werden. Die größten 3 Miningpools des Bitcoins, wie auf Abbildung 16 zu sehen, besitzen zusammen mehr Hashrates als der Rest zusammen.

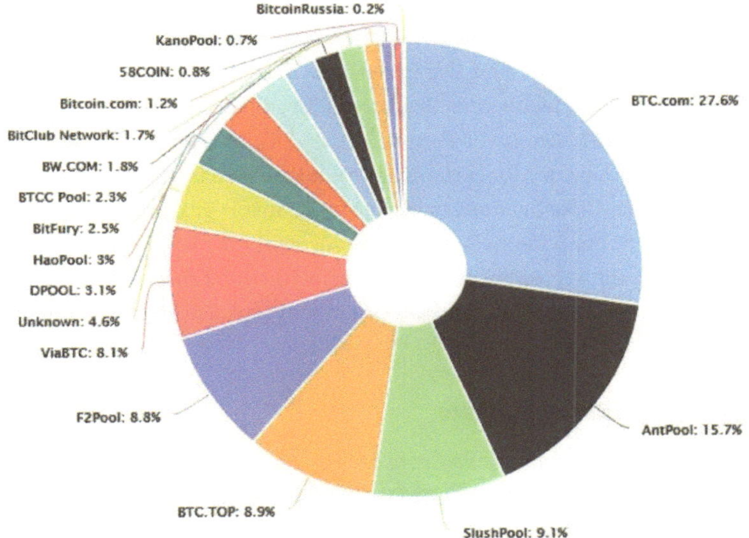

Abbildung 16 Übersicht der Verteilung der Hashrate des Bitcoins (Nijui, P. 2018)

Im Falle des Bitcoins bleibt das größte Problem die Skalierbarkeit. Aber auch andere große Blockchains haben mit dieser Limitation zu kämpfen. Vor allem die Ethereum Blockchain, eine der größten Hoffnungsträger der Industrie, hat schon Erfahrungen mit den Skalierungsproblemen gemacht. Ein Lösungsansatz neben der Einfachen Erhöhung der Transaktionszahlen, ist das implementieren von Sidechains. Hierbei wird die Hauptchain für jede DApp quasi geklont. Transaktionen laufen dann auf der Sidechain ab und die Hauptchain bleibt somit frei. Abschließend lässt sich sagen, dass die Blockchain fundamentale Vorteile besitzt, aber auch einige Risiken birgt. Viele der Probleme können durch Weiterentwicklung behoben werden, wogegen einige einfache mit dem Prinzip der Blockchain einhergehen.

4 Mögliche Anwendungen der Blockchain innerhalb der Industrie 4.0 und dem Internet der Dinge

The blockchain is essential to unlocking the potential of the Internet of Things – Alex Tapscott, Wirtschafts-Autor 2017

Obwohl die Blockchain-Technologie noch extrem jung ist, gibt es bereits viele potentielle Anwendungsfälle und Use Cases. Laut dem World Economic Forum wird 2025 bereits 10% des weltweiten Bruttosozialprodukts auf der Blockchain gespeichert sein (vgl. World Economic Forum, 2015, S.24). Die Anwendungsfelder zu Beginn der Entwicklung der Blockchain beschränkten sich fast ausschließlich auf Finanztransaktions-Dienstleistungen. Einige Jahre später gibt es kaum noch eine Industrie, die nicht ein potentielles Verwendungsfeld für die Blockchain wäre. Laut Delloitte gibt es mittlerweile 26000 Projekte auf GitHub (ein Webbasierter Onlinedienst für das Verwalten von Softwareprojekten) (vgl. Turijiillo, J./ Fromhart, S./ Srinivas, V. 2017).

4.1 Potentielle Einsatzgebiete

Im Folgenden werden potentielle Anwendungen aufgeführt die unter anderem von IBM (vgl. IBM 2018b) und der Fluree Database (vgl. Filipikowski, A 2018) identifiziert wurden.

4.1.1 Automotive

- Tracking der kompletten Geschichte des Fahrzeugs von der Produktion bis zum Verkauf

- Überwachen und Managen der Logistikkette

- Tracking des Fahrzeug-Status, bei nicht Zahlen der Leasingrate Sperrung

4.1.2 Banking und Finance

- Hoch effiziente Bezahlung, schnell und sicher

- Ermöglichen von globalen Transaktionen ohne Rücksicht auf Währungsgrenzen

- Minimierung der Auditierungs-Komplexität

4.1.3 Cloud-Dienste

- Erhöhung der Sicherheit der Daten aufgrund vom Wechsel von zentraler Speicherung hinzu dezentralen Netzwerk

- Niedrigere Transaktionskosten innerhalb des dezentralen Netzwerkes

- Crowdsourcing von ungenutzten Cloudspeicher

4.1.4 Cybersicherheit

- Kampf gegen Hacker mit extrem sicheren Ledgern

- Garantie von Validität mit Daten-Integrität

- Verringerte Angriffswahrscheinlichkeit durch Hackerattacken

4.1.5 Energiewesen

- Auslassen des Mittelsmannes für einfachen und günstigen Nutzer-zu-Nutzer zu Nutzer Transfer von Energie

- Überwachung der Dienste

4.1.6 Erbschaften

Smart Contracts um den letzten Willen bzw. das Testament festzuhalten und automatisch ausführen

4.1.7 Forecasting

Zusammen mit dem maschinellen Lernen kann die Blockchain ein dezentrales Forecasting-Tool zu Verfügung stellen

4.1.8 (Hoch)Schulwesen

- Digitalisierung, Verifizierung von schulischen/akademischen Dokumenten

- Speicherort für alle schulisch bzw. akademisch relevanten Dokumente, mit spezifizierten Zugriff für Schüler/Student und Lehrer bzw. Professoren

4.1.9 Human Resources

- Überprüfungen wie Verifizierung der Identität und des Lebenslaufs

- Bezahlungs- bzw. Lohnabwicklungsprozess mit Smart Contracts

4.1.10 Immobilien

- Transparenz bei Übereinkünften

- Validierung von Eigentumsrechten sowie deren Update und dezentrale Aufzeichnung

- Reduzierung der Papierarbeit

- Aufzeichnen, Tracken und Transfer von Landtiteln

4.1.11 Kommerziell genutzte Fahrzeuge und Transport

Tracking der Reiseroute in Verbindung mit IoT ohne Möglichkeit der Manipulierbarkeit

4.1.12 Kreditwürdigkeit

Bonitätsbewertung genauer, transparenter und nachvollziehbarer gestallten

4.1.13 Marketing

Übergehen der Mittelsmänner und bereitstellen von kosteneffizienteren Werbung

4.1.14 Medien

- Kontrolle von Eigentumsrechten

- Schutz vor Plagiaten und Copyright

- Smart Contracts für Bezahlung bzw. Kompensierung von Künstlern

- Bezahlungsprozesse für Dritte

4.1.15 Medizin und Gesundheitsversorgung

- Logistikkette der Medizin auf der Blockchain

- Patientendaten auf der Blockchain

- Hilfe bei Schadensforderungen

- Medizinisches Supply Chain Management

- Transparenz und Automation von Patient-Krankenhaus/Arzt Transaktionen

- Effizienz der Speicherung und Privatsphäre der Patientenbezogenen Daten

4.1.16 Öffentliche Transportmittel und (Car)Sharing

Höhere Genauigkeit bei der Bezahlung von Kraftstoff und Abnutzung

4.1.17 Recht

Smart Contracts mit definierten Regeln, Auslaufdaten und Zugriffsrechten für alle relevanten Teilnehmer

4.1.18 Regierung und Wahlen

- Reduzierung von Wahlbetrug, Inneffizienz mit der Möglichkeit der Auditierung

- Minimierung von Regierungsbetrug durch Digitalisierung der meisten Prozesse

- Erhöhte Rechenschaftspflicht der Regierungsoffiziellen

- Digitale Identitätsfeststellung mit hoher Integrität

4.1.19 Reisen

- Passagieridentifikation, Boarding, Reisepass, Bezahlung und andere Dokumentationen digitalisiert und validiert

- Loyalitätsprogramme

4.1.20 Spenden

- Zeigt den Verlauf von Spenden und verhindert möglichen Betrug

- Sicherstellung der Spendeneingänge bei Crowdfunding Kampagnen und der möglichen Rückzahlungen an die Spender

4.1.21 Strafverfolgung

- Integrität der Beweismittel und Erschweren der Beweismittelfälschung

- Zeitstempel und chronologische Visualisierung von Fakten

4.1.22 Versicherungen

- Verbesserung und Vereinfachung von Verträgen mit mehreren Teilnehmern

- Höhere Effizienz bei Risikoverträgen

- Vereinfachung der Schadensfallforderungen

- Verringerung der Streitbarkeit aufgrund von transparenten Daten

4.1.23 Waffensicherheit

- Tracking des Waffenbesitzes und Bereitstellung zusammenhängender Informationen

- Tracking von der Kriminatalitätshistorie und versuchten Erwerb von Waffen

4.1.24 Wohltätigkeit

- Tracking von Spenden, Kontoführung und Integrität

- Verringerung der Verwaltungskosten und der Komplexität der Zahlung

4.1.25 Potentielle Einsatzgebiete in der Industrie 4.0 und dem IoT

Die unter dem vorherigen Punkt aufgeführten Anwendungsfälle stellen einen groben Überblick über Themen für alle möglichen Industrien dar. Der aktuelle Hauptfokus liegt noch auf der Technologieentwicklung. Das Interesse in Bezug auf die Industrie 4.0 und dem Internet der Dinge wächst stark. Speziell das Supply Chain Management ist ein prädestiniertes Anwendungsgebiet für den Einsatz der Blockchain-Technologie. Eine Vielzahl von Blockchain-Startups entwickeln aktuell Lösungen für dieses Gebiet. Ebenfalls wird die cross-funktionale Funktion der Blockchain im Zusammenspiel mit dem Internet der Dinge und der Industrie 4.0 immer ausgereifter und einige Unternehmen versuchen mithilfe von 3D Druckern neue Herstellungsprozesse zu ermöglichen. Anwendungsbeispiele speziell zu diesem Themengebiet sind in Abb. 17 zu sehen.

Use Case	Beispiele	Beschreibung
Supply Chain Management und Digitales Produkt Memory	-IBM und Maersk	Tracking aller Container während des Verschiffens
	-VeChain	Aufzeichnen von allen wichtigen Produktinformationen über die komplette Versorgungskette
	-Everledger	Registrierung von Zertifikaten und Handelshistorie von Diamanten
Internet der Dinge und Industrie 4.0 Applikationen	- Factom Iris	IoT Device Identifikation über die Blockchain
	-Super Computing Systems	Sensoren mit Zeitstempeldaten auf Blockchain um Betrug zu verhindern
	-Tile Data Processing	Marktplatz IoT Gerätenutzer, um ihre Daten zu verkaufen
	- IOTA	Kryptowährung und Blockchain Protokoll für Arbeit mit IoT Anwendungen
	- IBM Watson IoT	Plattform zum Speichern von IoT Daten auf einer privaten Blockchain, um diese mit Geschäftspartnern zu teilen
3D-Drucken	- Genesis of Things	Platform die 3D-Druck mithilfe von Smart Contracts ermöglicht
	- Moog Aircraft Group	3D-Druck von Flugzeugteilen mithilfe der Blockchain

Abbildung 17 Einsatzgebiete der Blockchain in der Industrie 4.0 und dem IoT

4.1.26 Supply Chain Management und Digitales Objektgedächnis

In Zusammenarbeit von IBM und der führenden Containerschiff-Reederei Maersk entsteht testweise eine Anwendung auf Blockchain-Basis für die Logistik (vgl. IBM, 2018). In einem frühen Stadium der Entwicklung konnte schon gezeigt werden, dass mithilfe der Blockchain Container während des Verschiffens getrackt werden können. Das Ziel dieses Projekts ist die Reduzierung der Verwaltungsarbeit, welche während der Verschiffung anfällt. Durch die Blockchain-Plattform können alle Teilnehmer auf die für sie relevanten Informationen zugreifen. In Zukunft sollen auch andere Reeder, Speditionen, Häfen und Behörden auf die Plattform zugreifen können. Durch die angestrebte Reduzierung der Bürokratie bzw. des Verwaltungsaufwandes und das schnellere Bereitstellen von Informationen sowie das Verhindern von Manipulation, sollen die Versandkosten dramatisch sinken (vgl. IBM, 2018).

Das Startup Everledger versucht das Vertrauen in Produkte mithilfe der Blockchain zu erhöhen. Es benutzt die Blockchain um Diamanten zu registrieren und somit ihre Transaktionsgeschichte und Eigentümer zu speichern. In Zukunft soll dieser Service noch auf andere Luxusartikel ausgeweitet werden. Der CEO von Everledger glaubt dazu auch, dass es möglich wäre, mithilfe dieser Technik Maschinen innerhalb des IoT Kontextes zu identifizieren (vgl. Price, R. 2015).

4.1.27 Internet der Dinge und Industrie 4.0 Anwendungen

Der Prozess der Geräteidentifikation innerhalb eines IoT Netzwerkes ist sehr sensibel. Das Ziel von Factom Irisy ist es, diese Verwundbarkeit zu minimieren. Sie haben erkannt, dass der aktuelle Ansatz der Authentifikation durch Autoritäten zu kostenintensiv ist und zudem ist hierbei die Skalierbarkeit fraglich. Deshalb soll mit der Blockchain eine digitale Identität für jedes IoT-Device erstellt werden, welche sich nicht manipulieren lässt. Dazu besitzt dieser Ansatz den Vorteil, dass die Information dynamisch updatebar ist (vgl. Khatwani, S. 2017).

Die Super Computing Systems AG hat ein Whitepaper veröffentlicht, mit welchem sie beschreiben, wie die Daten für die Industrie 4.0 mithilfe der Blockchain mit Zeitstempeln versehen werden können. Um das Vertrauen in die Daten zu erhöhen sollen Daten mit Sensoren generiert werden und dann auf der Blockchain hinterlegt werden. Dies stellt sicher, dass es keine Manipulation an den Daten gibt und das diese verlässlich sind (vgl. Brenzikofer, A. 2017).

Neben der Verwendung der Blockchain um Probleme für das IoT oder die Industrie 4.0 zu nutzen, versucht Tile Data Processing Inc. die Daten von IoT zu erschließen. Die Idee dahinter ist, dass die Nutzer von IoT-Geräten ihre Daten auf dem Marktplatz „Tileplay" zu Verfügung stellen. Dort kann kann die Art des Handelspartner ausgewählt werden, welcher die Berechtigung berechtigt sein soll, diese zu kaufen. Wenn ein Unternehmen Interesse an einem Echtzeitdatensatz hat, kann eine Peer-to-Peer Transaktion eingeleitet werden und der Verkäufer mit Kryptowährungen bezahlen werden (vgl. Chalker, A. 2018).

Um kleinen und mittleren Unternehmen zu helfen an den Vorteilen des IoT zu partizipieren, hat IBM ihre Watson IoT Plattform angekündigt (vgl. o.V. 2016). Diese Plattform hilft Unternehmen spezifische Daten auf einer privaten Blockchain zu speichern. Diese können dann mit ausgewählten Geschäftspartnern geteilt werden. Prinzipiell ist diese Plattform für alle Industrien zugänglich, wird aber speziell für die Logistikkette, Anlagenverwaltung und Regulierung bzw. Complience Use Cases entwickelt. Ergänzend zu der Plattform bietet IBM noch einen Consulting Dienst an, um Unternehmen beim verwirklichen ihrer Projekte zu unterstützten. Zudem entwickelt IBM noch verschiedene andere IoT Konzepte, welche aber noch in der Planungsphase sind.

4.1.28 3D-Druck Plattformen

Blechschmidt/Stöker veröffentlichten ein Arbeitspapier, das beschreibt, wie die Blockchain die Betriebskosten der Maschinenbauindustrie senken kann („Trust Tax" vgl. o.V. 2017c). In diesem Arbeitspapier stellen sie das Projekt „Genesis of Things" vor. Das ist eine Vereinigung von den Unternehmen Cognizant Technology Solutions GmbH, Innogy SE und der Commerzbank AG. Das Ziel dieser Zusammenarbeit ist die Erstellung einer auf Blockchain basierende Plattform, die das 3D-drucken innerhalb der Supply Chain ermöglicht. So stellten sie Manschettenknöpfe mit einzigartiger ID vor, welche ebenfalls ein digitales Objektgedächtnis besitzen. Als erstes registriert der Entwickler bzw. Designer sein Produkt auf der Blockchain, welches aus Schutz vor Plagiaten verschlüsselt erfolgt. Als nächstes verhandelt ein Smart Contract den Preis, findet den nächsten günstigsten 3D-Drucker und verhandelt die Konditionen mit dem Kunden und dem Versanddienstleister. All diese Schritte werden ohne einen Mittelsmann durchgeführt. Nachdem das Produkt hergestellt ist, stellt die Blockchain ein digitales Objektgedächtnis bereit. Dort ist zum Beispiel die komplette Produktgeschichte auslesbar, sowie die verwendeten Materialien oder die Besitzrechte des Produkts. Neben dem gesteigerten Vertrauen in das Produkt sorgt dieses Objektgedächtnis auch für Kosteneinsparnissen bei den Themen Gewährleistung, Wartung und Recycling (vgl. o.V. 2017c).

Der Geschäftsführer von Cognizant Technlogy Solutions plant das Projekt noch weiter auszudehnen und Lead User sowie Zertifizierungsagenturen einzubinden. Kleine und mittlere Unternehmen könnten am meisten von der Herstellung mit 3D-Druckern profitieren. Diese Anwender sind jedoch oft nicht sehr digitalisiert und stehen dem 3D-drucken skeptisch gegenüber, unter anderem aufgrund vor Sorge um geistigen Eigentumsrechte. Von der neuen Plattform könnten sie jedoch extrem profitieren, vor allem durch die Kosteneinsparung bei Maschinen und beim Produzieren von Ersatzteilen. Die größte Herausforderung bei dem Projekt ist es die Benutzer von den Vorteilen der Nutzung der Blockchain zu überzeugen und die

Zweifel über die Technik, Architektur oder Bezahlung auszuräumen. Eine weitere Herausforderung ist es die komplette Supply Chain abzubilden, weil immer noch oft händische Produktionsschritte notwendig sind und manche Maschinen keinen Zugriff auf ihre Daten erlauben (vgl. o.V. 2017c).

Ein anderes Unternehmen das die Blockchain in Verbindung mit 3D-Druck einsetzt, ist die Moog Aircraft Group. Sie wollen die 3D-Druck-Technik nutzen, um point-of-use und time-of-use Methoden in der Versorgungskette von Flugzeugteilen einzusetzen. Das bedeutet die Teile werden genau dann produziert, wenn sie auch wirklich gebraucht werden. Dies spart Inventar-, Import- und Logistikkosten. In diesem Projekt wird die Blockchain benutzt, um den sicheren Transfer der Daten zum 3D-Drucker zu gewährleisten. Nach der Produktion können die Teile authentifiziert werden, damit die Ingenieure sicher sein können, dass es sich nicht um ein plagiiertes Teil handelt. Ein Scan der Struktur eines jeden Teils dient als eine Art Fingerabdruck und garantiert die zweifellose Identifizierung. Zusätzlich will die Moog Aircraft Group die Plattform nutzen, um Ersatzteile für Flugzeuge herzustellen, deren Produktion bereits eingestellt ist. Aktuell wird die Technologie nur für die Registrierung von herkömmlich hergestellten Teilen eingesetzt, da der Einsatz von 3D-Druck Teilen in der Luftfahrt noch nicht genehmigt ist. Die Vision des Unternehmens sagt aus, dass in Zukunft Kunden nur noch digitale Versorgungssteile kaufen und dann selbst entscheiden, wo und wie diese Produziert werden. Dies soll dann mit einem Netzwerk zertifizierter 3D-Drucker geschehen (vgl. Small, G. 2017).

4.2 Hands-on Vechain

Die VeChain Foundation und die dazugehörende VeChain Blockchain ist eine der führenden Anbieter für Blockchain-Lösungen. VeChain verschreibt sich dem „Blockchain-as-a-service" Modell und kann bereits eine Reihe von namenhaften Partnern vorweisen. Die drei Säulen des VeChain Ökosystems sind effektives Entwickeln der Technologie auf Basis des Open Source und das Agieren der VeChain Foundation als non-profit Organisation.

4.2.1 Governance Modell

Die VeChain Foundation versucht die perfekte Balance zwischen Dezentralisation und Zentralisation zu finden und setzt dabei auf ein Board of Steering Commiteee (zu Deutsch Lenkausschuss oder Steuerungsgremium). Dieses soll Transparenz,

Flexibilität, Effektivität gewährleisten. Dieses Steuerungsgremium soll die Entwicklungsrichtung des VeChainThor Blockchain Ökosystems koordinieren.

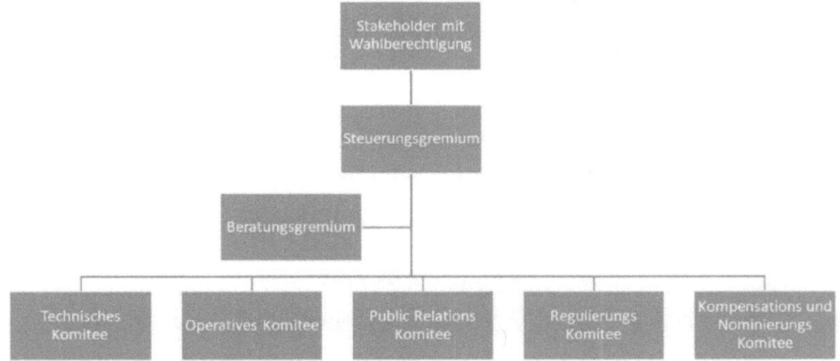

Abbildung 18 Aufbau VeChain Foundation

(in Anlehnung VeChain Foundation 2018)

Das Steuerungsgremium ist der leitende Teil der VeChain Foundation. Es wird aus identifizierbaren Stakeholdern mit einer VET Wahlberechtigung (Besitzer von Masternodes) besetzt. Diese Stakeholder besitzten die der Blockchain zugrunde liegende Währung VeChaitThor (VET) und üben bestimmte Rollen, wie etwa Smart Contract Besitzer oder Masternode betreiber aus. Die Höhe des Stimmrechts hängt direkt mit der Anzahl der VETs im Besitzt des Stakehalters zusammen. Als Grundlage gilt folgendes Modell:

Benötigte Anzahl an VET	Stakeholder mit Wahlberechtigung	Stimmrecht
1.000.000	VET-Halter mit unbekannter Identität	20%
1.000.000	VET-Halter mit bekannter Identität	30%
5.000.000	Individuelle Smart Contract Besitzer	20%
1.500.000	Unternehmens Smart Contract Besitzer	
25.000.000	Individuelle Masternode Besitzer	30%
25.000.000	Unternehmens Masternode Besitzer	

Abbildung 19 Stimmrechte der Stakeholder

(in Anlehnung VeChain Foundation 2018)

Mit diesem Stimmrecht können die Stakeholder sich bei verschiedenen Fragen wie etwa die Wahl des Steuerungsgremiums, der Modifikation des allgemeinen Konsens-Mechanismus sowie sonstigen technischen Parameter und andere für zur Wahl anderer Themen beteiligen. Die Wahlen werden mit dem VeVote Service abgehalten und garantieren eine anonyme und genaue, unmanipulierte Wahl (vgl. VeChain Foundation 2018).

4.2.2 Ökonomisches Modell

Als Hauptproblem der meisten anderen Kryptowährungen und deren Blockchains ist deren Volatilität. Das heißt, dass zum Betreiben der Blockchain ein Coin benötigt wird, dessen Preis aufgrund von verschiedenen Gründe extrem steigen oder auch sinken kann. Das erschwert langfristiges Planen für die Unternehmen und potentiellen Blockchain-Betreiber erheblich. Daher setzt die VeChain Foundation bei VET auf ein duales Token-System. Das bedeutet, dass es zwei Tokens gibt. Zum einem VET (VeChain Token), mit gesamt 86,712,634,466 im Umlauf befindenden Token. Zum anderen generiert man durch das Halten (staken bzw. lagern) von VET die Zweitwährung VTHO (VeThor Token). Alle 10 Sekunden wird ein neuer Block von VTHO generiert. Besitzt man Beispielhaft 10000 VET Token, werden alle 24 Stunden 4,32 VTHO generiert (1 VET generiert 0,000423 pro 24h). Die Funktion von VET ist es als Wertvermittler zu dienen. Das ermöglicht die schnelle Zirkulation von Werten innerhalb des VeChain Ökosystem zu garantieren. Auf der anderen Seite repräsentiert VTHO die zugrundeliegenden Kosten für das Benutzen der Blockchain und werden durch dieses verbraucht, nachdem Transaktionen durchgeführt werden.

Dieses zwei-Token-Modell gewährleistet nachhaltige Transaktionskosten, da die VeChain Foundation je nach Angebot und Nachfrage den Preis für VTHO anpassen kann (vgl. VeChain Foundation 2018).

4.2.3 Architektur und Apps

Die VeChain Foundation verfolgt den Ansatz, dass die Entwicklung der Technologie von den Applikationen getrieben werden soll. Die Technologie auf der die Blockchain und das Ökosystem aufbauen, haben vier Stufen.

1. Kontaktpunkte

Diese sind die Schnittstellen der physikalischen und der digitalen Welt. Hierzu werden NFC Technologie oder RFID Chips verwendet, um Produkte zu digitalisieren. Mithilfe von Sensoren werden die Bewegungen, Zustände und Lokations-Informationen erfasst.

2. Konnektivität

Das Sammeln der Daten mithilfe der Sensoren und das Weiterleiten an die Blockchain.

3. Blockchain Kern

Die Blockchain ist für das Ausführen von Transaktionen und das Speichern der Daten zuständig.

4. Applikationen und Services

Diese Apps und Dienste sind in die Blockchain integriert und bilden die Infrastruktur des Ökosystems. Sie vereinfachen und standardisieren die Abläufe und Vorgänge. Mit VeVID zum Beispiel ist die Identifizierung der Nodehalter möglich. Mit VeVOT können die Stakeholder ihr Wahlrecht wahrnehmen. VESCC dient dazu, Smart Contracts zu verifizieren, VESCL ist die Smart Contract Bibliothek. Um nur einige Beispiele zu nennen.

4.2.4 UseCase: Handel mit sensiblen Daten

Die Chancen der Blockchain-Technologie ermöglichen einen komplett neuen Weg des Handels mit Daten. Die Datenbesitzer können direkt von dem Handel profizieren und das auf einem regulierten und konformen Weg. In der Zeit von Big Data, werden zum Treffen von Entscheidungen riesigen Mengen an Daten benutzt. Dies geschieht durch das Aufsetzten von personalisierten Empfehlungssystemen. Für solche Unternehmen ist das skalieren ihrer Datenmengen ein enormer hilfreicher und profitabler Vorgang. Der Datenbesitzer jedoch profitiert meist kaum von diesem Handel. Ebenso werden in den meisten Fällen die gesammelten Daten als privates Eigentum gesehen und somit wird das Teilen dieser verhindert. Durch das Monetarisieren von Daten könnte dieses Verhalten geändert werden, die Daten könnten zur Entwicklung unsere Gesellschaft beitragen.

In einer Zusammenarbeit von Dr. Jiayu Zhou mit Fengyi Tang von der Michigan State University und Dr. He Zhu, sowie Ning Nan dem Gründer von BitOcean (einem Anbieter von Kryptowährung Geldauomat), wurde das Whitepaper „Distributed Data Vending on a Blockchain" veröffentlich. Dieses Whitepaper bietet einen Lösungsansatz für das sichere Handeln von Daten auf der Blockchain. Die Zusammenarbeit ist somit ein Ergebnis der Kooperation von VeChain mit der Michigan State University.

Der Datenhandel ist ein Austausch von privaten Daten, zwischen einem individuellen Besitzer von Daten und einem Daten Verbraucher, durch ein gesichertes System, welches die speziellen Anforderungen an die Use Cases der Verbraucher beachtet. Der Zweck des verteilten Handels von Daten ist, die Besitzer von Daten zum

Benutzten der Blockchain zu bewegen, da dort die Daten sicher sind und Compliance und Regularien berücksichtigt werden können.

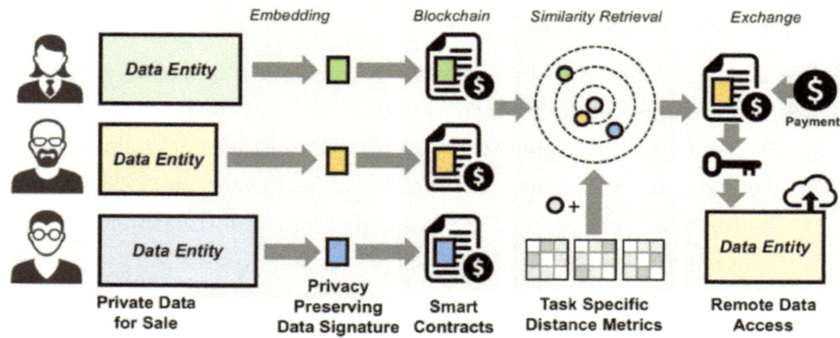

Abbildung 20 Ablauf des Datenhandels schematisch
(Nan, N./ Tang, F./ Zhou, J./ Zhou, Z./ Zhu, H 2018)

In Abbildung 20 ist der Ablauf des Datenhandels schematisch dargestellt. Der Datenhalter bettet seine zum Verkauf angedachten Daten auf der Blockchain ein. Dies geschieht unter dem Schutz der Blockchain und garantiert das Einhalten der Privatsphäre. Der Kunde, welcher die Blockchain auf Datensätze anhand von spezifischen Merkmalen durchsucht, findet nun etwas Passendes. Jeder Datensatz besitzt einen eigenen Smart Contract. Wird dieser nun durch eine Zahlung ausgelöst, erhält der Kunde Zugriff auf die Daten. Diese können dann beispielsweise via Cloud zugänglich gemacht werden (vgl. Nan, N./ Tang, F./ Zhou, J./ Zhou, Z./ Zhu, H 2018).

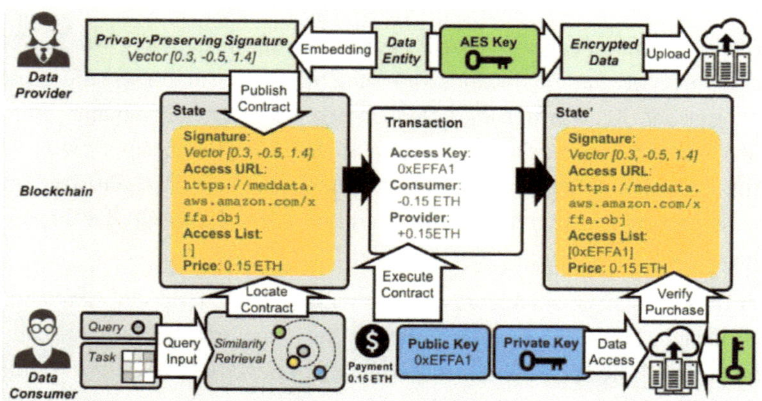

Abbildung 21 Ablauf des Datenhandels detailliert
(Nan, N./ Tang, F./ Zhou, J./ Zhou, Z./ Zhu, H 2018)

Die detaillierteren Abläufe werden auf Abbildung 21 gezeigt. Die Daten, die ein Nutzer zur Verfügung stellt, werden mit Vektoren gekennzeichnet. Diese geben den anderen Nodehaltern ein Zeichen, dass dieser Datensatz existiert. Der Datensatz wurde mit einem Advanced Encryption Standard (AES) verschlüsselt. Daraufhin wird der Smart-Contract auf die Blockchain gespielt. Die Signatur mit den Vektorwerten und die Zugriffs-Url sind sichtbar. Sichtbar ist auch, wer bereits Zugriff darauf hat und was der Preis für den Datensatz ist (in diesem Beispiel 0.15 ETH). Auf der Kundenseite wird eine Anfrage an die Blockchain gestellt und diese wird dann ausgeführt. Die Blockchain wird auf passende Datensätze überprüft. Sollte ein Treffer gefunden werden wird eine Transaktion notwendig. Die Blockchain registriert die Transaktion und übergibt den Zugangsschlüssel an den Kunden. Dieser erhält nun Datenzugang. Bei dem Datensatz wird dann vermerkt, dass bereits ein Kunde Zugriff hat. Dieser wird mit seinem Public Key angezeigt (vgl. Nan, N./ Tang, F./ Zhou, J./ Zhou, Z./ Zhu, H. 2018).

Dieser anonyme Datenhandel lässt sich auf viele Bereiche portieren. Elektronische Gesundheitsdaten wäre ein Beispiel für ein solches Anwendungsfeld. Krankenhäuser erheben bereits eine Unmenge an Daten. Jedoch werden die Patienten kaum oder gar nicht für das zur Verfügungstellen von Daten entlohnt. Diese Daten sind jedoch wichtig für das Entwickeln von neuen Behandlungsansätzen oder auch Medikamenten. Ebenfalls wird durch diesen anonymen Datenhandel der Zugang zu für Dritte erleichtert. Universitäten die zum Beispiel eine aktive Forschung betreiben haben Probleme an solche Daten zu kommen, da diese oft streng reguliert sind (vgl. Iyengar-Emens, R. 2018).

5 Handlungsempfehlung und Fazit

Die Blockchain-Technologie erfährt innerhalb der IT aktuell einen enormen Hype. Die gebotene Sicherheit, Nicht-Manipulierbarkeit, Transparenz und die Dezentralität sind enorme Argumente für diese Technologie. Jedoch gibt es immer noch einige falsche Annahmen über die Blockchain. Für viele ist die Bezeichnung Blockchain unwiederbringlich mit dem Bitcoin verbunden. Für viele ist der Begriff Blockchain ebenso ein synonym für Kryptowährungen, was ebenfalls nicht den Tatsachen entspricht. Der Bitcoin war zwar der Begründer der Technologie, welche sich aber mittlerweile enorm entwickelt hat und dabei ist sich von ihm zu emanzipieren. Dieser Prozess der Emanzipation ist mit Aufklärungsarbeit und intensivem Auseinandersetzen mit der Materie verbunden. Die aktuelle Forschung befasst sich mittlerweile verstärkt mit der Technologie. Dort sieht sie sich aber mit dem Problem konfrontiert, dass die Entwicklung so schnell ist, dass Tatsachen die heute noch gültig sind morgen schon als überholt gelten. Diese Bachelorarbeit wurde in diesem Kontext erstellt und versucht den aktuellen Stand der Forschung abzubilden und aufzuzeigen was möglich ist bzw. sein wird.

Die Bachelorarbeit ist in 5 Kapitel unterteilt, um die gestellte Forschungsfrage zu beschreiben. Im ersten Kapitel wird eben diese Forschungsfrage dargelegt. In Kapitel 2 werden die nötigen technischen Hintergründe erläutert. Die Industrie 4.0 und das Internet der Dinge wird kurz erklärt, da diese beiden „Gebiete" sich als ideal für den Einsatz der Blockchain-Technologie erweisen. Als nächstes wird der Leser mit der Blockchain-Technologie vertraut gemacht. Es gibt eine kurze Einführung in die Geschichte, sowie einen Überblick über den Status Quo. Daraufhin wird die Funktionsweise simplifiziert erklärt, um das nötige Verständnis zu schaffen. Es wird bewusst darauf verzichtet den Bitcoin als Beispiel für die Blockchain zu wählen, da gerade diese Verbindung überholt ist. Mithilfe von Ethereum werden die vielen verschiedenen Funktionen der Blockchain aufgezeigt. Im 3. Kapitel werden die Potentiale und Risiken beleuchtet. Dieses Kapitel ist sehr wichtig, da es zeigt wie disruptiv die Technologie sein kann, aber auch woran sie potentiell scheitern kann. Das letzte Kapitel beschäftigt sich mit den wirklichen Einsatzgebieten in der Praxis. Diese werden zuerst unabhängig zu ihrer Branche aufgelistet und später gefiltert. Es werden dann Use-Cases betrachtet, die im Rahmen der Industrie 4.0 und dem Internet der Dinge angesiedelt sind. Daraufhin wird VeChain in einem Hands-on genau erklärt.

In den oben beschriebenen Kapiteln wird das vorhandene Potential von der Blockchain-Technologie als Ganzes für die Industrie 4.0 bzw. das Internet der Dinge genauer beleuchtet. Die Einsatzmöglichkeiten reichen von einfachen Bezahlvorgängen bis hin, wie in Kapitel 4 beschrieben, zum komplexen Handel mit Daten. Sei es die Automobilindustrie oder das städtische Krankenhaus, kaum eine Industrie oder Bereich unseres Lebens wird sich der Blockchain-Technologie verschließen können. Die Möglichkeiten der potentiellen Ersparnisse, Weiterentwicklungen und Effizienzsteigerungen sind zu enorm.

Hervorzuheben ist jedoch, dass die Entwicklung, auch wenn sie bereits 2008 begonnen hat, ihre Praxistauglichkeit erst noch beweisen muss. Es wird zu Beginn noch viel Entwicklungs-, aber auch auf Aufklärungsarbeit geleistet werden müssen. Das komplette Blockchain-Universum mit seinen ganzen Eigenheiten ist für den durchschnittlichen Endkunden und Benutzer noch schwer zu durchschauen und daher mit großen Einstiegsbarrieren versehen. Des Weiteren wird sich entscheiden, in welcher Form die Blockchain-Technologie am Ende eingesetzt wird. Das bedeutet, die Form in welcher die Blockchain-Technologie schließlich benutzt wird, ist noch nicht abschließend geklärt. Mehrere Konzepte wie etwa OpenSource (Hyperledger) oder auch private Blockchains sind aktuell in der Entwicklung und bieten jeweils individuelle Vor- und Nachteile. Bei der Entscheidung für eine bestimmte Form der Blockchain werden auch gleich Grundsatzentscheidungen getroffen. Zum Beispiel ist Sicherheit oder Transparenz wichtiger. Es ist natürlich auch denkbar und gar nicht unwahrscheinlich, dass die verschiedenen Ansätze zusammen koexistieren und die Form der Blockchain auf das jeweilige Einsatzgebiet abgestimmt sind.

Auch die rechtlichen Rahmenbedingungen müssen geklärt werden. Ohne diese rechtliche Sicherheit wird es schwer die Blockchain-Technologie im großen Rahmen einzusetzen. Die Politik im Allgemeinen wird ebenfalls eine entscheidende Rolle bei der Entwicklung spielen. Schafft sie die nötige rechtliche und technische Infrastruktur und bietet sie die erforderlichen Rahmenbedingungen an. Es ist aber davon auszugehen, dass dies passieren wird, da bereits erste Schritte in die richtige Richtung unternommen wurden.

Ebenfalls interessant zu beobachten wird die Entwicklung der Kryptowährungen als Anlageklasse sein und ob sich diese als Zahlungsmittel etablieren wird. Abschließend gilt festzuhalten, dass die Forschungsfrage dieser Bachelorarbeit beantwortet werden kann, da es nahezu unbegrenzte Möglichkeiten und Potentiale für die Blockchain-Technologie im Rahmen der Industrie 4.0 und dem Internet der Dinge gibt. Es ist zudem durchaus denkbar, dass die Technologie die Industrie und Gesellschaft der Zukunft disruptiv verändern kann.

Literaturverzeichnis

Monographien

Brooimans, K./ Eisenhofer, A. 2018: Handbuch Finanziformationen: Der digitale Wandel und die nächste Generation von Finanzinformationssystemen, 1.Auflage, FinanzBuch Verlag München 2018

Brink, A. 2013: Anfertigung wissenschaftlicher Arbeiten, 5. Auflage, Springer Fachmedien Wiesbaden 2013

Burgwinkel, D. 2016: Blockchain Technology: Einführung für Business- und IT Manager, 1.Auflage, Walter de Gruyter GmbH Berlin 2016

Conrad, P. 2013: Bitcoin Perspektive oder Risiko?, 1. Auflage, epubli GmBH Berlin 2013

Flemming, S 2017: Blockchain Technology: Introduction to Blockchain Technology and its impact on Business Ecosystem, 1. Auflage, CreateSpace Independent Publishing Platform 2017

Hahn, C 2018, Initial Coin Offering (ICO) – Unternehmensfinanzierung auf Basis der Blockchain-Technologie, 1. Auflage, Springer Gabler Wiesbaden2018

Huber, D./ Kaiser, T. 2013: Industrie 4.0 - Herausforderungen, Konzepte und Praxisbeispiele, 1. Auflage, Springer Fachmedien Wiesbaden 2017.

Prinz, W./ Rose, T./ Osterland, T./ Putschli, C 2018: Digitalisierung, 1. Auflage, Springer-Verlag GmbH Deutschland Wiesbaden 2018.

Siepmann, D. 2016: Einführung und Umsetzung von Industrie 4.0, 1. Auflage, Springer-Verlag Berlin Heidelberg 2016.

Sixt, E. 2017: Bitcoins und andere dezentrale Transaktionssysteme, 1. Auflage, Springer-Gabler Wiesbaden 2018

Internetquellen

Ackermann, T. 2018: Autoproduzenten kooperieren mit Blockchain-Startups, unter: https://www.finanztrends.info/news/autoproduzenten-kooperieren-mit-blockchain-startups/ , Stand: März 2018, Abrufdatum: 10.03.2018

Brekle, K. 2016: Industrie 4.0 oder das Industrial Internet of Things (IIOT), unter: https://www.krollontrack.de/blog/industrie-4-0-oder-das-industrial-internet-of-things-iiot/4962 , Stand: Januar 2016, Abrufdatum: 08.03.2018

Brenneis, F. 2018: Der Verkannte Stromfresser, unter: https://www.zeit.de/digital/internet/2018-02/bitcoin-energieverbrauch-strom-nachhaltigkeit , Stand: Februar 2018, Abrufdatum: 24.04.2018

Brenzikofer, A. 2017: Decentralized Tursted Timestap, unter: https://www.scs.ch/blog/wp-content/uploads/2017/01/trusted-sensor-whitepaper.pdf , Stand: Januar 2017, Abrufdatum: 13.04.2018

Bruehl, J. / Huber, M. 2014: Größte Bitcoin-Börse geht offline, unter: http://www.sueddeutsche.de/wirtschaft/diebstahl-digitaler-waehrung-groesste-bitcoin-boerse-geht-offline-1.1897687#redirectedFromLanding-page , Stand: Februar 2014, Abrufdatum: 15.03.2018

Chalker, A. 2018: Prepare for Blockchain Disruption, unter: https://ic.globaliia.org/Documents/CS-6-2_Prepare-for-Blockchain-Disruption.pdf , Stand: Mai 2018, Abrufdatum: 21.04.2018

Christidis, K./ Devetsikiotis, M. 2016: Blockchains and smart contracts for the internet of things, unter: https://ieeexplore.ieee.org/abstract/document/7467408/ , Stand: Mai 2016, Abrufdatum: 25.04.2018

Crosby, M./ Nachiappan, P./ Sanjeev, V./ Kalyanaraman, V. 2015: BlockChain Technology, unter: http://scet.berkeley.edu/wp-content/uploads/BlockchainPaper.pdf , Stand: Oktober 2015, Abrufdatum: 10.03.2018

Deloitte, 2017: Bitcoin at the crossroads. There is a race to regulate Bitcoin. Is it to soon?, unter: https://www2.deloitte.com/content/dam/Deloitte/us/Documents/regulatory/us-advisory-bitcoin-regulation-dcrs.pdf, Stand: o.J., Abrufdatum: 20.05.2018

Diemers, D. 2017: Initial Coin Offerings – A strategic perspective: Global and Switzerland, unter: https://cryptovalley.swiss/wp-content/uploads/20171221_PwC-S-CVAICO-Report_December_final.pdf , Stand: Dezember 2017, Abrufdatum: 03.03.2018

Durdan, T. 2017: JPMorgan Has Some Bad News For Bitcoin Bears, unter: https://www.zerohedge.com/news/2017-12-02/jpmorgan-has-some-bad-news-bitcoin-bears , Stand: Februar 2017, Abrufdatum: 15.03.2018

Filipkowski, A 2018: Blockchain for 2018 and Beyond, unter:
https://www.linkedin.com/pulse/blockchain-2018-beyond-growing-list-
use-cases-filipowski-1/?trackingId=R6J17arzemU1VIY2vtVhIQ%3D%3D ,
Stand: Januar 2018, Abrufdatum: 26.05.2018

Gentner, A./ Gramatke, M. 2016: Folie 5 Industrielles Internet der Dinge und
die Rolle von Telekommunikationsunternehmen, unter:
https://www2.deloitte.com/content/dam/Deloitte/de/Documents/tech-
nology-media-telecommunications/Deloitte_TMT_Industrielles%20Inter-
net%20der%20Dinge.pdf , Stand: März 2016, Abrufdatum: 01.03.2018

Giese, P 2018: Token und Kryptowährungen ein fundamentaler Unterschied,
unter: https://www.btc-echo.de/token-und-kryptowaehrungen-ein-fun-
damentaler-unterschied/ , Stand: Januar 2018, Abrufdatum: 23.02.2018

Gord, M. 2016: Smart Contracts Described by Nick Szabo 20 Years Ago Now Be-
coming Reality, unter: https://bitcoinmagazine.com/articles/smart-con-
tracts-described-by-nick-szabo-years-ago-now-becoming-reality-
1461693751/ , Stand: April 2016, Abrufdatum: 24.03.2018

IBM, 2018: Maersk und IBM bilden Joint Venture für Blockchain, unter:
https://www-03.ibm.com/press/de/de/pressrelease/53611.wss , Stand:
Januar 2018, Abrufdatum 24.05.2018

IBM, 2018b: Blockchain use cases, unter: https://www.ibm.com/block-
chain/use-cases/ , Stand: o.J. , Abrufdatum 26.04.2018

Iyengar-Emens, R. 2018: Blockchain in Healthcare: A Data-Centric-Perspective,
unter: https://medium.com/crypto-oracle/blockchain-in-healthcare-a-
data-centric-perspective-109e898d73f3 , Stand: März 2018, Abrufdatum:
24.07.2018

Johnston, D. 2015: The General Theory of Decentralized Applications, unter:
https://github.com/DavidJohnstonCEO/DecentralizedApplica-
tions/blob/master/README.md , Stand: Februar 2018, Abrufdatum:
25.03.2018

Kagerman, H. 2013: Umsetzungsempfehlungen für das Zukunftsprojekt Industrie 4.0, Abschlussbericht des Arbeitskreises Industrie 4.0, unter: http://www.acatech.de/de/publikationen/stellungnahmen/kooperationen/detail/artikel/umsetzungsempfehlungen-fuer-das-zukunftsprojekt-industrie-40-abschlussbericht-des-arbeitskreises-i.html , Stand: April 2013, Abrufdatum: 12.03.2018

Karacic, D. 2017: Wie funktioniert Blockchain?, unter: https://www.financebusiness.afb.de/2017/01/12/wie-funktioniert-blockchain/ , Stand: Januar 2017, Abrufdatum: 15.03.2018

Khatwani, S. 2017: A comprehensive Beginners Guide to Cryptocurrency, unter: https://coinsutra.com/factom-cryptocurrency-fct/, Stand: November 2017 , Abrufdatum: 24.05.2018

Kim, T. 2018: Jamie Dimon says he regrets calling bitcoin a fraud and belives in the technology behind it, unter: https://www.cnbc.com/2018/01/09/jamie-dimon-says-he-regrets-calling-bitcoin-a-fraud.html , Stand: Januar 2018, Abrufdatum: 25.05.2018

Liu, A. 2015: Santander: Distributed Ledger Tech Could Save Banks $20 Billion a Year, unter: https://ripple.com/insights/santander-distributed-ledger-tech-could-save-banks-20-billion-a-year/ , Stand: Juni 2016, Abrufdatum: 15.05.2018

Marr, B. 2018: Blockchain: A Very Short History Of Ethereum Everyone Should Read, unter: https://www.forbes.com/sites/bernard-marr/2018/02/02/blockchain-a-very-short-history-of-ethereum-everyone-should-read/2/#44a7402b4abc , Stand: Februar 2018, Abrufdatum: 25.05.2018

Martindale, J. 2018: What is Ethereum?, unter: https://www.digital-trends.com/computing/what-is-ethereum-blockchain-cryptocurrency/ , Stand: Januar 2018, Abrufdatum: 25.04.2018

Nakamoto, S. 2008: Bitcoin: A Peer-to-Peer Electronic Cash System, unter: https://bitcoin.org/bitcoin.pdf , Stand: November 2008, Abrufdatum: 08.03.2018

Nan, N./ Tang, F./ Zhou, J./ Zhou, Z./ Zhu, H. 2018.: Distributed Data Vending on Blockchain, unter: https://arxiv.org/pdf/1803.05871.pdf , Stand: März 2018, Abrufdatum 01.08.2018

Nijui, P. 2018: Ethereum Network is slowed down by animals and drugs, unter: https://ethereumworldnews.com/ethereums-eth-network-being-sloweddown-by-animals-and-drugs/ , Stand: Mai 2018, Abrufdatum: 24.03.2018

o.V. 2012: Start von IPv6-Mittwoch wird das Internet umgestellt, unter: http://www.spiegel.de/netzwelt/web/start-von-ipv6-mittwoch-wirddas-internet-umgestellt-a-837120-4.html , Stand: Juni 2012, Abrufdatum: 15.03.2018

o.V. 2014: GLOBAL ACTION AGAINST DARK MARKETS ON TOR NETWORK, unter: https://www.europol.europa.eu/newsroom/news/global-actionagainst-dark-markets-tor-network , Stand: November 2014, Abrufdatum: 15.03.2018

o.V. 2015: NADSAQ LINQ ENABLES FIRST-EVER PRIVATE SECURITIES ISSUANCE DOCUMENTED WITH BLOCKCHAIN TECHNOLOGY, unter: http://ir.nasdaq.com/releasedetail.cfm?releaseid=948326 , Stand: Dezember 2015, Abrufdatum: 01.05.2018

o.V. 2017a: 2017 Edelman Trust Barometer, unter: https://de.slideshare.net/EdelmanInsights/2017-edelman-trust-barometer-technology , Stand: März 2017, Abrufdatum: 25.04.2018

o.V. 2017b: Bitcoin-Transaktionen: Alles andere als schnell, unter: https://www.organisator.ch/bitcoin-transaktionen-alles-andere-alsschnell/ , Stand: Dezember 2017, Abrufdatum: 25.03.2018

o.V. 2017c: Blockchain in Manufacturing Enhancing Trust, Cutting Costs and Lubricating Process across the Value Chain, unter: https://www.cognizant.com/whitepapers/Printing-the-Future-From-Prototype-to-Production-codex1560.pdf , Stand: November 2017, Abrufdatum: 24.03.2018

o.V. o.J.a: Blockchain Glossar unter: http://blog.wissenstor.com/blockchainglossar/ , Stand: o.J., Abrufdatum: 10.03.2018

o.V. o.J.b: Blockchain Glossary unter: https://blockchainhub.net/blockchainglossary/ , Stand: Mai 2018, Abrufdatum: 26.04.2018

o.V. o. J.c: IBM Hyperledger, unter: https://www.ibm.com/blockchain/hyperledger.html , Stand: Mai 2018, Abrufdatum: 25.04.2018

Price, R. 2015: This London startup could make diamond theft a thing of the past- and this is just the start, unter: http://uk.businessinsider.com/everledger-ledger-diamonds-blockchain-tech-theft-fraud-2015-8 , Stand: August 2015, Abrufdatum: 24.03.2018

Schiller, 2018: Was ist eine DApp?, unter: https://blockchainwelt.de/dapp-dezentralisierte-app-dapps/ , Stand: Februar 2018, Abrufdatum: 24.03.2018

Schupak, A. 2015: Does Bitcoin still matter?, unter: https://www.cbsnews.com/news/does-bitcoin-still-matter-age-of-cryptocurrency/ , Stand: Februar 2015, Abrufdatum: 24.04.2018

Schwartz, D./ Youngs, N./ Britto, A. 2014: The Ripple Protocol Consensus Whitepaper, unter: https://ripple.com/files/ripple_consensus_whitepaper.pdf , Stand: 2014, Abrufdatum: 28.04.2018

Small, G. 2017: Additive Manufacturing Reshape Logistics, unter: http://www.moog.com/news/blog-new/IntroducingVeripart_Issue3.html , Stand: April 2017, Abrufdatum: 20.02.2018

Smart Contract Alliance, 2016: Smart Contracts: 12 Use Cases for Business & Beyond, unter: http://www.the-blockchain.com/docs/Smart%20Contracts%20-%2012%20Use%20Cases%20for%20Business%20and%20Beyond%20-%20Chamber%20of%20Digital%20Commerce.pdf , Stand: Dezember 2016, Abrufdatum: 25.04.2018

Staley, O. 2016: The unsexy Future of Blockchain is Accounting, unter: https://qz.com/629662/the-unsexy-future-of-blockchain-is-accounting/ , Stand: März 2016, Abrufdatum: 30.03.2018

Turijiillo, J./ Fromhart, S./ Srinivas, V. 2017: Evolution of Blockchain, unter: https://www2.deloitte.com/insights/us/en/industry/financial-services/evolution-of-blockchain-github-platform.html , Stand: November 2017, Abrufdatum: 30.04.2018

Turula, T. 2017: Einer der Mitgründer von Bitcoin.com hat alle Bitcoins verkauft, unter: https://www.businessinsider.de/gruender-von-bitcoincom-sieht-keine-zukunft-fuer-bitcoin-2017-12 , Stand: Dezember 2017, Abrufdatum: 26.05.2018

Varathan, P. 2018: The SEC wants to regulate Bitcoin and other cryptocurrencies, unter: https://qz.com/1224093/the-sec-wants-to-regulate-bitcoin-and-other-cryptocurrencies/ , Stand: März 2018, Abrufdatum 20-04.2018

VeChain Foundation 2018: VeChain Whitepaper Summary, unter: https://cdn.vechain.com/vechainthor_development_plan_and_whitepaper_en_v1.0.pdf, Stand: Mai 2018, Abrufdatum: 20.07.2018

Vitalik, B. 2014: On Stake, unter: https://blog.ethereum.org/2014/07/05/stake/ , Stand: Juli 2014, Abrufdatum: 12.03.2018

Weber, R 2010, Internet of Things – New Security and pirvacy challenges, unter: https://www.researchgate.net/file.PostFile-Loader.html?id=55c4147460614b25168b45a3&asset-Key=AS%3A273981783904256%401442333755312 , Stand: Januar 2010, Abrufdatum: 26.04.2018

World Economic Forum, 2015: Technology Tipping Points and Societal Impact, unter: http://www3.weforum.org/docs/WEF_GAC15_Technological_Tipping_Points_report_2015.pdf# , Stand: September 2015, Abrufdatum: 20.05.2018